Das *total* andere Buch über Küchenkräuter

von Siegfried Harmel

Die Deutsche Bibliothek-CIP-Einheitsaufnahme

Das *total* andere Buch über Küchenkräuter

1. Auflage 2010
Genehmigte Sonderausgabe für den Andrea Verlag

© 2009 by Krone Verlag, Am Hallenbad 7, 44534 Lünen / Westf.

Herausgeber: Dieter Krone, Lünen / Westf.
Idee & Texte: Dr.sc. et Dr. Siegfried Harmel, Pünderich / Mosel
Zeichnungen: Michael Neyses, Reil / Mosel
Fotos: Florafoto, Lochstampfer, Langenhagen
Litho: Light Werk, Eckhard Grote, Hille / Minden
Layout, Satz & Gestaltung: Kathrin Grote, Light Werk, Hille / Minden

ISBN: 978-3-940486-15-8

Dieses Buch wurde gedruckt auf 100% chlorfrei gebleichtem Papier gemäß TCF-Norm.

Das *total* andere Buch über Küchenkräuter

von Siegfried Harmel

INHALTSVERZEICHNIS

INHALTSVERZEICHNIS

VORWORT

Bis zum Frühjahr 2003 waren wir in Bezug auf Küchenkräuter eine ganz normale Familie. Im Vorjahr hatte ich meiner Frau ein Hochbeet gebaut, damit sie in Küchennähe Basilikum, Petersilie, Schnittlauch und Thymian, aber auch Arnika ziehen konnte.

Da wir außer einem Vorgarten nur über ein Stück mit Rasen bewachsenem Garten verfügen, der zudem mehrmals jährlich bei den Hubschrauberspritzungen der anliegenden Weinberge in Mitleidenschaft gezogen wird, gab es nur diese Möglichkeit.

Durch das Hochbeet entgingen wir der stauenden Nässe neben dem Haus und die wenigen Küchenkräuter, die eigentlich jeder unserer Bekannten hat, gediehen recht gut.

Da ich nun inzwischen aber zu den älteren Semestern gehöre, von denen sich viele Gleichaltrige schon im wohlverdienten Ruhestand befinden, stellte der Familienrat zunächst fest, dass mir in Vorbereitung auf das Rentnerdasein ein Hobby fehlt. Selbiges müsse nicht nur gut für meine eigene Freizeitgestaltung, sondern sollte noch dazu nützlich für die Familie sein. Nun, inzwischen ist es das auch...

Weil ich hin und wieder auch gern koche, bereichert unsere inzwischen auf drei Hochbeete und 50 Sorten angewachsene Auswahl an Küchenkräutern überraschend viele Gerichte.

Aufgrund der familieninternen Spezialisierung in der Küche bin ich mit Hilfe meiner Küchenkräuter inzwischen der Salat-Spezialist.

Aber auch für alle anderen Gerichte ist Wissen über diese kleinen Pflänzchen gefragt. Ein sehr schöner Nebeneffekt meines neuen Hobbys ist die inzwischen erreichte dekorative Gestaltung eines bisher nicht genutzten Grundstückteiles. Unser Kräutergarten wurde sozusagen zum „Vorhof der Küche".

Interessanterweise gibt es in Bezug auf Küchenkräuter eigentlich nur zwei grundsätzliche Fragestellungen:

1. Ich will das und das kochen.
   Welche Küchenkräuter kann ich dazu nehmen?
2. Wir haben doch dieses und jenes Küchenkraut.
   Für welche Gerichte kann ich es verwenden?

Nun versuche Du als „Otto-Normalbürger" in Sachen Küchenkräuter aber einmal, solche Fragen zu beantworten.

Ein Ziel des neuen Hobbys, nämlich das „Totschlagen von Zeit" wurde in der ersten Phase der Beschäftigung mit den Würzpflanzen bereits sehr gut erfüllt, denn Zeit brauchte man für sie viel.

Punktuell und zufällig konnte man natürlich schnell mal fündig werden. Das Suchen und Finden von Zuordnungen ist jedoch anhand der bisher vorhandenen, meist verbal breiten Abhandlungen mit schönen bunten Bildern zwar möglich, jedoch äußerst zeitaufwendig.

Und eben diese Zeit hat man nicht, wenn man über die Beantwortung einer der beiden Kardinalfragen auch zum Essen kommen möchte!

Durch die Beschäftigung mit der Literatur wurden nun zunehmend andere Komponenten eines richtigen Hobbys wie Interesse daran, eigene Identifikation und Sachkunde immer stärker wirksam.

Aber irgendwie entwickelte sich bei mir zunehmend die Unzufriedenheit damit, meiner Frau nicht sofort die meist gestellte oben genannte erste Kardinalfrage beantworten zu können.

Nun – inzwischen habe ich mich dieser Herausforderung gestellt und kann in den meisten Fällen schon allein durch das Blättern in diesem Buch in wenigen Sekunden solche Fragen beantworten.

Zu einem solchen Zweck habe ich das auch Ihnen jetzt vorliegende Werk verfasst. Im Wesentlichen stellt es ein Kompendium allgemein vorhandenen Wissens dar. Das Besondere daran ist die völlig neue, unter Praxisaspekten entstandene Systematisierung der Küchenkräuter in Kapitel 1, 2 und 3.

Im ersten Kapitel erfolgt die systematische Behandlung von 44 gegenwärtig in Deutschland beliebten Küchenkräutern.

Kriterien für ihre Auswahl waren die Auswertung der diversen Fachliteratur, Befragungen im Bekanntenkreis, die Verwendbarkeit in der Küche sowie die Machbarkeit des Anbaus.

Interessanterweise sind von diesen 44 ausgewählten Küchenkräutern mehr als die Hälfte in ein in Belgien verlegtes Kräuterkartenspiel aufgenommen worden.

In diesem Kapitel findet man in immer gleicher Abfolge von sieben Abschnitten bei jedem der ausgewählten Küchenkräuter sehr schnell die Informationen, für die man sich konkret interessiert.

Die „Echten" Federzeichnungen von Michael Neyses ergänzen die textliche Darstellung.

Neben den botanischen Namen sind alle regional sehr unterschiedlich gebrauchten deutschen Namen aufgeführt. Wichtige Grundinformationen wie Angaben zur Jährigkeit, Höhe, Blütenfarbe und zum Geschmack sind auf einen Blick verfügbar. Ausführlich dargestellt sind der Anbau und die Verwendung in der Küche, letztere mit vielen wertvollen Tipps. Hinweise zur Haltbarmachung bereichern den Nutzwert dieses Kapitels für den Hobby-Koch.

Bei einer abschließenden Wertung der Bedeutung des jeweiligen Küchenkrautes lehnen wir uns zwar weit aus dem Fenster, stützen uns aber auf Literatur, auf Befragungen und eigene Erfahrungen.

In den Kapiteln 2 und 3 werden ohne weiteres Beiwerk sehr schnell Antworten auf die beiden Kardinalfragen gegeben.

Kapitel 2 ermöglicht für ausgewählte Gerichte-Gruppen und Gerichte die schnelle Übersicht über geeignete Verfeinerungen durch Küchenkräuter.

Kapitel 3 zeigt, für welche Speisen die von uns ausgewählten 44 in Deutschland beliebten Küchenkräuter zur Veredlung eingesetzt werden können.

Im Zusammenhang mit der Auswahl der Küchenkräuter wurde deutlich, dass sie generell und im Einzelnen nicht nur in verschiedenen Ländern eine unterschiedliche Stellung einnehmen, sondern dass sie auch im Verlauf der Geschichte unterschiedliche Bedeutung hatten.

Aus diesem Grunde habe ich auch in dem selbstständigen Kapitel 4 erstmals eine Zeittafel erstellt.

Ein inzwischen doch recht umfänglich geratenes Literaturverzeichnis belegt das Interesse, das in den letzten Jahrzehnten den Kräutern im Allgemeinen und den Küchenkräutern im Besonderen entgegengebracht wird. Auf die Aufnahme von Zeitschriftenartikeln zu speziellen

Sachverhalten und zu Einzelkräutern wurde wegen der in Buchform reichlich vorhandenen Literatur verzichtet.

Sicher wären weitere Themen und Sachbereiche wie Heilkräuter, Gewürze und würzende Zutaten, sowie die ausführliche Darstellung der Zubereitung von Gerichten mit Küchenkräutern im Sinne eines Küchenkräuter-Kochbuches und die Aufnahme weiterer Küchenkräuter interessant und wünschenswert.
Ich habe jedoch gelernt, dass weniger manchmal mehr ist und mich deshalb trotz reichlich vorhandenen Materials davon abgegrenzt.
Bei Gesprächen mit Freunden und Bekannten wurde erstaunlich deutlich, welches Interesse für das inzwischen auch von mir voll angenommene Hobby „Küchenkräuter" bereits besteht.

Mein Dank gilt der ausgebildeten „Kräuterfrau" Brigitte Hartmann (die über ihren Heimatort Nebra hinaus auch als „Kräuterhexe" bekannt ist) für die fachliche Beratung.

Ich würde mich sehr freuen, wenn es gelingen sollte, den einen oder anderen zum Anbau von Küchenkräutern im Garten oder auf Balkonien und zu ihrer häufigeren Nutzung beim Würzen von Speisen angeregt zu haben.

Siegfried Harmel

KAPITEL 1

Systematisierte Einzeldarstellung von 44 beliebten Küchenkräutern

Da alle derzeit vorhandenen Bücher über Küchenkräuter mehr oder weniger ausführliche textliche Darstellungen bevorzugen, ergibt sich für den Leser stets das Problem der zeitaufwendigen Informationsgewinnung.
Aus Gründen der praktikablen Handhabung dieses Buches im Küchenkräutergarten und in der Küche habe ich die vielen Details bei allen 44 aufgenommenen Küchenkräutern systematisiert, so dass man auf einen Blick die gewünschte Information erhält.
Darüber hinaus bündeln zwei Tabellen dieses Wissen.

Die hier dargestellten und abgebildeten Küchenkräuter sind in der jetzigen Zeit in Deutschland beliebt, auch wenn nicht alle von vornherein jedem Leser bekannt sind. Es wurden fast ausschließlich solche Kräuter ausgewählt, die national verbreitet sind und genutzt werden, ganz wenige spielen wie z.B. der Hopfen, nur eine regionale Rolle.

Ein sehr schwieriges Problem ist die Abgrenzung zwischen Küchenkräutern und Gewürzen sowie Gemüse. Die Begriffsvielfalt wird weiter verstärkt durch Bezeichnungen wie „Klassische Küchenkräuter", „Gewürzpflanzen" und „Würzmittel". McVicar gebraucht bei Zwiebeln den Begriff „Kräuterqualität" (s. Literaturverzeichnis S. 187; 35). In „Kräuter & Gewürze" wird wegen des starken Geschmacks einiger Kräuter gefolgert, „dass man sie als Gewürze ansehen kann" (s. Literaturverzeichnis S. 187; 37) Da ich mich nicht berufen fühle, die stets schwierige Definitions- und Abgrenzungsproblematik zu lösen, haben wir diese wissenschaftstheoretischen Sachverhalte außen vor gelassen.

In Übereinstimmung mit der Mehrheit der Fachautoren sehe ich jedoch alle 44 in diesem Werk behandelten Pflanzen als Küchenkräuter an, auch wenn man diese manchmal durchaus berechtigt wegen einer weiteren Nutzung als Gewürz oder Gemüse einstufen kann.
Die Verwendung von Pflanzen bei der Zubereitung von Speisen und Getränken war ausschlaggebend für die Verwendung der Bezeichnung „Küchenkraut".
Die Küchenkräuter oder Teile derselben werden heute (anders als im Mittelalter, wo sie häufig den Verwesungsgeruch und -geschmack der Nahrungsmittel übertünchen mussten) den Gerichten zur Geschmacksverbesserung beigegeben und in der Regel mitgegessen.

Die Verwendung der Küchenkräuter muss in jeder Familie „erlernt" werden, d.h. der Koch sollte dem Familiengeschmack Rechnung tragen und am Anfang neue Kräuter nur vorsichtig verwenden. Auch sollen Küchenkräuter nicht so eingesetzt werden, dass man alle für ein bestimmtes Gericht als geeignet gekennzeichneten Küchenkräuter gemeinsam benutzt. Bei der Kombination von Küchenkräutern müssen in der Regel erst Geschmackserfahrungen gesammelt werden. Bei etlichen Gerichten habe ich auf traditionell gute Kombinationen verschiedener Kräuter hingewiesen.
Vielfach werden Küchenkräuter auch als „Gewürzkräuter" oder „Würzkräuter" bezeichnet.
„Teekräuter" sind aus der Fülle der Küchenkräuter ausgewählt. Hier sagt schon der Name etwas über ihre spezielle Verwendung.

Angelika

Angelica archangelica

Blütenstand

Samen

Angelika –

ist ein Küchenkraut.

1. Namen

botanischer Name: **Angelica archangelica**

- Angolkenwurzel
- Artelkleewurzel
- Brustwurz
- Dreieinigkeitswurzel
- Engelbrustwurz

- Engelwurz
- Erzengelwurzel
- Gartenangelik
- Geistwurzel
- Glückenwurzel

- Gölk
- Heiligen-Geist-Wurzel
- Heiligenbitter
- Heiligenwurz
- Ledpfeifenkraut

- Luftwurzel
- Theriakwurzel
- Waldwurzel
- Zahnwurz

2. Wichtige Charakteristiker

JÄHRIGKEIT	HÖHE	BLÜTENFARBE
zweijährig mehrjährig (bis zu 4 Jahre) bei ausschneiden der Blüten	120 – 250 cm	blüht von Juni bis August cremeweiß bis grünlich

3. Anbau

- man zieht sie aus Samen
- Aussaat im Herbst (Frostkeimer)
- auf mindestens 30 x 30 cm auspflanzen
- bevorzugt lockeren tiefgründigen nährstoffreichen und humosen Boden
- liebt sonnigen bis halbschattigen Standort
- möchte feuchten bis nassen Boden (verträgt weder stauende Nässe noch große Trockenheit)
- wenn man die Blüten immer ausschneidet, kann man Angelika zur Mehrjährigkeit bewegen
- nach 3 Jahren teilen und Standort wechseln
- frische Blätter und Blattstiele kann man den ganzen Sommer über ernten (am besten vor der Blüte)
- Stängel zum Kandieren schneidet man vor dem Hochsommer
- spät im Herbst werden die Samen eingesammelt
- Wurzeln am Ende des ersten Jahres ernten (im zweiten meist holzig), der Länge nach aufschneiden und zum Trocknen auffädeln; wenn sie ganz dürr sind, werden sie zerkleinert
- die Wurzeln treiben im zweiten (bzw. den Folgejahren neu aus)
- Engelwurz ist nicht für Balkonkästen und bedingt für große Krüge geeignet
- eine vierköpfige Familie benötigt eine Pflanze * *

4. Geschmack

- schmeckt anfangs süßlich, dann scharf bis würzigbitter
- bittersüß- moschusartig
- leicht erdig mit einem möglichen

Beigeschmack nach *Anis, *Schnittsellerie oder Wacholder
- der Geschmack variiert sehr in Abhängigkeit von der Klimazone

5. Verwendung in der Küche

WARNUNG: Empfindliche Personen sollten vom Verzehr der Pflanze absehen (bei größeren Mengen und bei direktem Hautkontakt mit dem frischen Saft können Hautreizungen auftreten).

5.1. Bereitung von Speisen und Getränken

- an Majonäse
- als Salat und an Salate
- als Gemüse
- an Suppen (besonders Wildkräutersuppe)
- frisch gehackte Blätter an Soßen (speziell Minzsoße)
- die Blätter sind zwingend notwendig für alle gemischten Kräutertees
- Wurzeln werden für die Wermut- und Likörherstellung genutzt
- Samen mit Stängeln vermischt in Drinks wie Gin
- kandiert zur Verzierung von Biskuit und Kuchen
- mit sauren Früchten zu Marmelade kochen (Orangen, Pflaumen, Rhabarber, Stachelbeeren)
- in Zucker gekocht als Nachspeise

5.2. Welche Pflanzenteile werden verwendet ?

- die ganze Pflanze ist aromatisch, weshalb alle ihre Teile verwendet werden
- junge Stängel und Blätter
- Samen und Wurzel
- blanchierte junge Schösslinge als Salat
- gehackte Blätter für Kräutermischungen

6. Haltbarmachung

- Blätter, Stiele und Wurzeln (das Aroma bleibt in Wurzeln am längsten erhalten) trocknen und in verschlossenen Gläsern aufbewahren
- Stängel kandieren
- Die Wurzel eignet sich ebenfalls zum Pulverisieren; sie ist gut getrocknet lange Zeit haltbar

7. Bedeutung

Nicht nur Kräuter-Fans bauen diese dankbare Pflanze an.

Angelika *(Angelica archangelica)*

---

*   Ist ein Verweis auf ein anderes in diesem Buch enthaltenes Küchenkraut und Fachbegriffe (auf Seite 188) !

** Hierbei wird angenommen, dass man in der Regel an beiden Tagen des Wochenendes, in der Woche aber nur gelegentlich abends Speisen zu Hause bereitet (vorwiegend Salate !) und dass die Familienmitglieder alle Küchenkräuter mögen, aber keinen besonderen Favoriten haben; der bei jedem Küchenkraut angegebene Pflanzenbedarf basiert auf einer Erhebung unter 36 Hobby-Köchen.

Anis

Pimpinella anisum

Fruchtstand

Einzelfrucht

Anis –

*wird in der Literatur
beinahe mehrheitlich wegen
der Verwendung seiner grünen
Teile zu den Küchenkräutern gezählt;
etliche Autoren rechnen ihn jedoch ob der
Verwendung seiner Samen den Gewürzen zu.*

1. Namen

botanischer Name: **Pimpinella anisum**

- Aneis
- Anissamen
- Arnis
- Brotsamen
- Eins
- Ems
- Eneis
- Runder Fenchel
- Süßer Fenchel
- Süßer Kümmel
- Taubenanis

2. Wichtige Charakteristiker

JÄHRIGKEIT	HÖHE	BLÜTENFARBE
einjährig	50 – 60 cm	blüht im Juli und August weiß bis gelblichweiß

3. Anbau

- Vermehrung fast nur durch Samen (sehr selten führen Gärtnereien Pflanzen)
- Aussaat ab Ende März in Reihen mit 20 cm Abstand in 2 - 3 cm Tiefe
- Keimdauer ca. 20 - 28 Tage (deshalb am besten Markiersaat benutzen)
- auf 10 - 15 cm vereinzeln (möglichst nicht umpflanzen)
- liebt gut drainierten, nährstoffreichen, etwas kalkhaltigen und nicht zu feuchten, wasserdurchlässigen Boden
- mäßige Humus- und Düngergaben in den stets locker zu haltenden Boden fördern das Wachstum
- wächst nur an sonnigen, geschützten Stellen (an rauhen, feuchten reift der Samen nicht aus)
- der Boden sollte nicht zu feucht und wasserdurchlässig sein
- Anis benötigt einen langen, heißen Sommer, damit seine Samen reifen
- wächst sehr gut, wenn er mit *Koriander zusammen gezogen wird
- die Blätter und Blüten können laufend geerntet werden
- wenn die Fruchtspitzen braun sind, wird ab August das Kraut geschnitten, gebündelt und an der Luft getrocknet, dann wird der Samen ausgedroschen
- ist nicht ganz winterhart
- wegen der langen Pfahlwurzel nicht für Balkonkästen und nur bedingt für Töpfe geeignet
- unsere vierköpfige Musterfamilie benötigt 2 - 3 Anispflanzen

4. Geschmack

- würzig-süß und frisch
- süß-aromatisch bis fruchtig
- leicht scharf
- lakritzähnlich
- die Blätter sind mild-pfeffrig

5. Verwendung in der Küche

Da Anis sehr aromatisch ist, sollte man beim Kochen und backen mit ihm nur sparsam umgehen. Verträgt sich schlecht mit anderen Küchenkräutern und Gewürzen.

5.1. Bereitung von Speisen und Getränken

- wird wegen des lakritzähnlichen Geschmacks gern zu Quarkspeisen und Käsegerichten genommen
- an Reis
- zu Salaten (speziell zu grünem Salat und zu Gurkensalat)
- zu süß oder süßsauer abgeschmecktem Gemüse (geschmorte Gurken, Möhren, Rot- und Weißkohl, Sauerkraut) und Obstsuppen
- an Soßen
- zu Fisch und Meeresfrüchten
- Anisgetränke werden in der Küche verwendet für Ente, Huhn, Schweinefleisch, Fisch und Fischsalate sowie Meeresfrüchte und Hummersoße
- an Milchmixgetränke
- das Anisöl, das aus den Samen gewonnen wird, benutzt man zur Herstellung vielfältiger Aperitifs wie z.B. Pastis und Anisette
- für die Herstellung von Absinth, Anisette, Arrak, Ouzo, Pastis, Pernod, Ricard, Sambucca und weiteren alkoholischen Anisgetränken
- an chinesische Gerichte
- zu Pilzen (Maronen)
- zum Einlegen von süßsauren Früchten wie Kürbis, Gurken und Birnen
- für Süßspeisen und Süßigkeiten, süße Fruchtsuppen und Aufläufe, für Pudding und Cremes, auch an Apfelmus
- zu Backwaren wie Brot, Zwieback, Kuchen, Apfeltorte und besonders zur Weihnachtsbäckerei (Lebkuchen, Pfeffernüsse, Printen, Honigkuchen, Anisplätzchen)

5.2. Welche Pflanzenteile werden verwendet ?

- am meisten werden die reifen getrockneten Samen – das eigentliche Gewürz – verwendet
- die grünen Blätter werden als Würzkraut oder als Salat (besonders Fruchtsalate mit Feigen, Datteln und Kastanien) genutzt
- Stängel und Wurzeln zu Suppen (leichter Lakritzgeschmack)
- Blüten kann man sehr schön in Fruchtsalate mischen

6. Haltbarmachung

- Samen trocknen bis sie reif sind
- Aufbewahrung der Samenkörner in geschlossenen Gefäßen
- feingemahlener Anissamen verliert seine Würzkraft sehr schnell, deshalb ungemahlen aufbewahren und bei Bedarf zerkleinern

7. Bedeutung

Wer süße und süßsaure Speisen liebt oder ein echter Kräuterfan ist, wird Anis anbauen.

Anis (*Pimpinella anisum*)

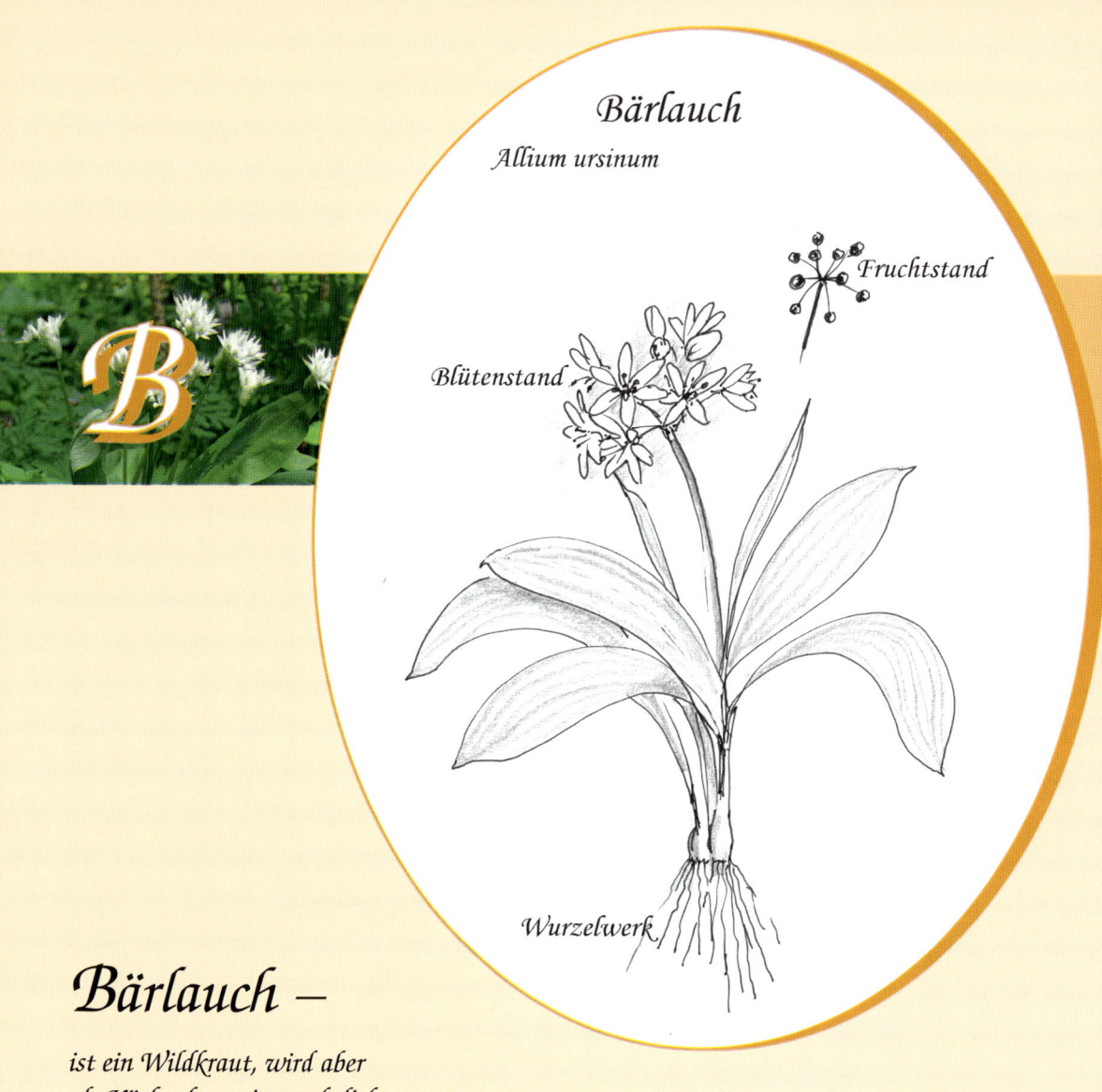

Bärlauch

Allium ursinum

Fruchtstand

Blütenstand

Wurzelwerk

Bärlauch –

ist ein Wildkraut, wird aber
als Küchenkraut immer beliebter.

1. Namen

botanischer Name: ***Allium ursinum***

- Bärenlauch	- Hunds-Knoblauch	- Waldknoblauch
- Beer-Knoblauch	- Rämschele	- Wilder Knoblauch
- Hexenzwiebel	- Rams	- Zigeunerlauch

2. Wichtige Charakteristiker

JÄHRIGKEIT	HÖHE	BLÜTENFARBE
mehrjährig	30 – 60 cm	blüht von Ende März bis Juni reinweiß

3. Anbau

- Bärlauch gehört zu den Wildkräutern, die von kräuterkundigen Feinschmeckern sehr gern gesammelt werden
- er wächst meist in großer Zahl in nährstoffreichen feuchten Laubwäldern, Bergmisch- und Auenwäldern, aber auch auf Wiesen und Feldern und bildet oft ganze Teppiche
- Fortpflanzung überwiegend vegetativ (Vermehrung durch Samen ist sehr kompliziert)
- die Zwiebel wurzelt bis 60 cm Tiefe und entfaltet sich ab April
- die Ernte der frischen jungen Blätter erfolgt am besten vor der Blüte
- die Pflanze zieht bereits im Mai / Juni ein
- wird nicht kommerziell angebaut und ist deshalb nur lokal auf Märkten zu finden

- **ACHTUNG: Beim Sammeln nicht mit dem giftigen Maiglöckchen verwechseln !**

- einen Platz im Kräutergarten fand der Bärlauch bisher nur äußerst selten
- für unsere Beispielfamilie muss sich der Gang in den Wald schon lohnen, sie erntet die jungen Blätter etlicher Pflanzen (10 - 20)

4. Geschmack

- mehr oder weniger scharf (weniger als *Knoblauch)
- schmeckt auch nach Knoblauch

5. Verwendung in der Küche

Passt zu allen Gerichten, die auch *Knoblauch vertragen – wird gern als milder Knoblauchersatz genutzt !

5.1. Bereitung von Speisen und Getränken

- auf Butterbrot, an Kräuterbutter und Quark
- an Salate und Gemüse
- die Zwiebel wird auch als Wildgemüse verwendet
- an Suppen und Soßen
- zu Fleischspeisen
- in kleinen Schlucken genossen ist Bärlauch-Wein mit Honig oder Sirup gesüßt ein interessantes Geschmackserlebnis

5.2. Welche Pflanzenteile werden verwendet ?

- die Blätter werden wie Schnittlauch und Petersilie kleingeschnitten und mitgekocht oder frisch verwendet
- wie bei Knoblauch werden auch die Zwiebeln verwendet

6. Haltbarmachung

Eine Konservierung ist nicht sinnvoll, denn beim Trocknen oder Einfrieren gehen die Inhaltsstoffe völlig verloren

7. Bedeutung

Neuerdings sammeln viele Hobbyköche Bärlauch.

Bärlauch *(Allium ursinum)*

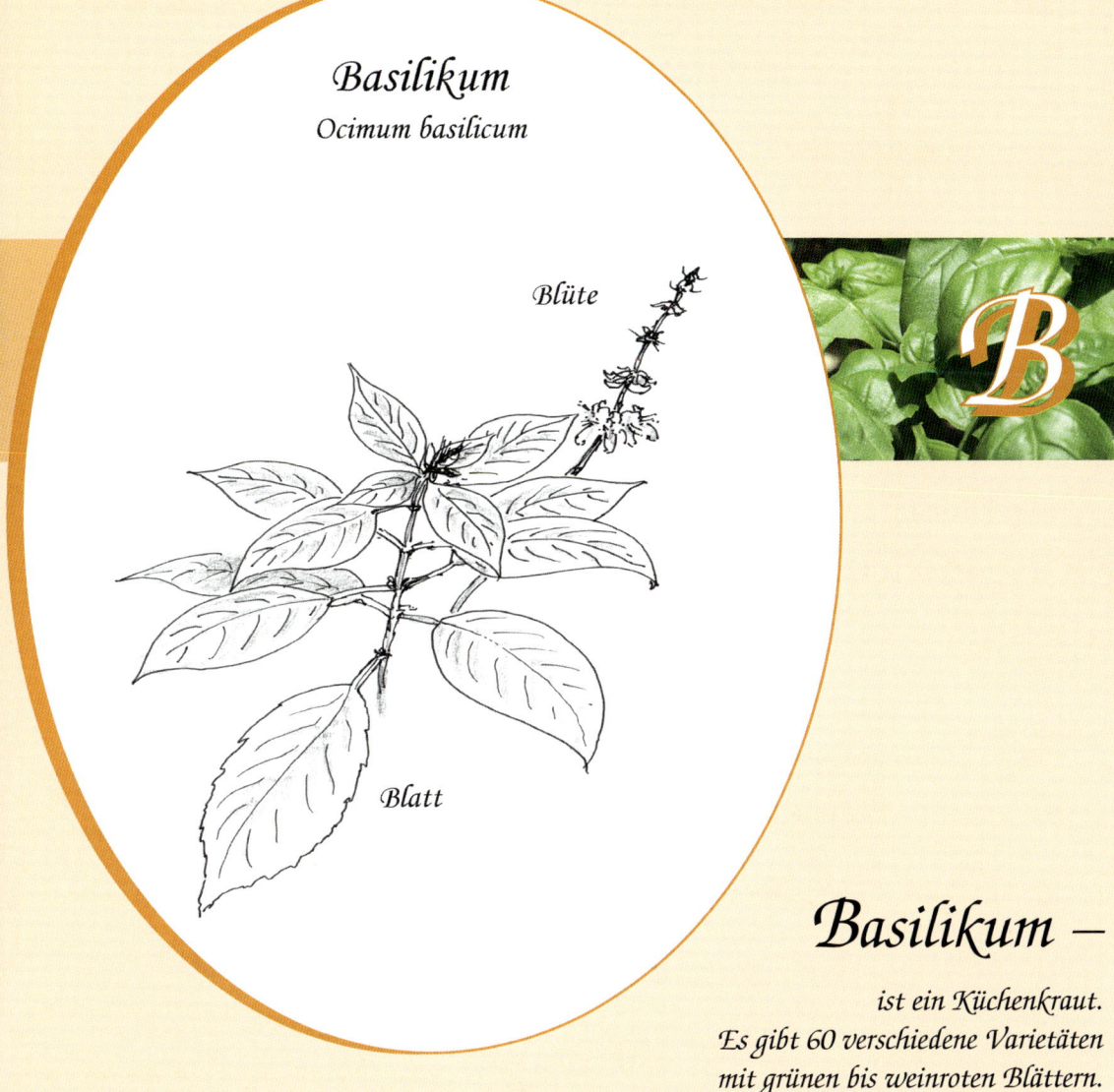

Basilikum
Ocimum basilicum

Blüte

Blatt

B

Basilikum –

ist ein Küchenkraut.
Es gibt 60 verschiedene Varietäten
mit grünen bis weinroten Blättern.

1. Namen

botanischer Name: **Ocimum basilicum**

- Balsam
- Basilkraut
- Bienenweide
- Braunsilge

- Brunsiljenkraut
- Josefskräutlein
- Hirnkraut
- Hirtenbasi

- Königsbalsam
- Königskraut
- Krampfkräutel
- Nelkenbasil

- Pfefferkraut
- Suppenbasil

2. Wichtige Charakteristiker

JÄHRIGKEIT	HÖHE	BLÜTENFARBE
in Deutschland einjährig in den Subtropen mehrjährig	variiert stark zwischen 15 und 60 cm	blüht von Juli bis September cremig-weiß bis purpurrot

3. Anbau

- aus Samen ab März ins Saatbeet (nicht mit Erde bedecken, nur andrücken) in Reihen von 20 cm Abstand ziehen
- Keimdauer 7 - 14 Tage (Lichtkeimer)
- auf 20 cm vereinzeln (nicht umpflanzen)
- ab Mitte Mai ins Freibeet (oder den Balkonkasten), wenn keine Frostgefahr mehr besteht
- durch Folgesaaten immer für Jungpflanzen sorgen
- ist auch gut durch Pflanzenteilung zu gewinnen
- nicht zusammen mit *Estragon, *Minze, *Rosmarin oder *Salbei anpflanzen; wächst aber sehr gut neben Tomaten
- liebt leichten, lockeren, nährstoffreichen, sandig-lehmigen Boden (mit Kompost)
- möchte eine windgeschützte sehr sonnige Lage (aber keine sengende Hitze) haben
- reichlich Wasser (aber nicht von oben); außerdem nie am Abend wässern, sondern immer mittags; bei heißem Wetter die Blätter abspritzen
- Basilikum lockt Insekten zur Bestäubung von Gurkenblüten an
- sollte im Garten vor Schnecken geschützt werden, zu deren Lieblingsspeisen Basilikum gehört
- wenn die Pflanzen ausgewachsen sind, für besseres Breitenwachstum die Spitzen herausbrechen wenn sich die Blüten öffnen
- verträgt keinen Frost
- geerntet werden kann ständig (immer die untersten Blätter abpflücken), noch besser ist es jedoch, nicht die einzelnen Blätter, sondern die Triebe zu ernten – das verhindert den Blütenansatz und sorgt für ein buschiges Wachstum
- im Spätsommer vor der Blüte zum Trocknen etwa 4 cm über dem Boden abschneiden (im Schatten trocknen)
- gedeiht auch sehr gut in Balkonkästen und Blumentöpfen (wächst im Topf meist besser als im Garten)
- eine Familie benötigt 2 - 3 Basilikumpflanzen

4. Geschmack

- süße delikate Schärfe (verstärkt sich noch beim Kochen)
- pfefferartig-süß bis feurig-würzig
- erinnert an (Gewürz-) Nelken, *Minze und *Anis

Basilikum *(Ocimum basilicum)*

5. Verwendung in der Küche

Äußerst vielseitig verwendbar – fast so breit wie Petersilie !
Basilikum ist aber sehr eigenwillig – deshalb bitte nicht mit anderen Kräutern mischen
(die Ausnahme ist *Knoblauch) !
Mitkochen und am Ende mit frischen Blättern nachwürzen !
Mit Öl zerstoßen oder mit den Fingern zerreißen (nicht hacken) !

5.1. Bereitung von Speisen und Getränken

- für Kräuterbutter und Majonäse
- frisch zu grünem Salat und Tomaten
- zu Wildkräutersalaten und Salattunken
- zu jungem Gemüse
- klassisches Küchenkraut zu Tomaten
  (Tomatensalat mit Salz und Olivenöl anmachen oder zusammen mit *Knoblauch !)
- zu Paprikaschoten und Auberginen,
  Schwarzwurzel und Spargel
- zu Hülsenfrüchten, weißen Bohnen und
  an Kohlgerichte
- zu Suppen (besonders Tomaten-, Kartoffel-
  und Zwiebelsuppe)
- zur klassischen Schildkrötensuppe und zu
  Schalentieren
- an Tomatensoßen
- Soßen der ital. und franz. Küche
- Hauptbestandteil des berühmten Pesto,
  einer klassischen Nudelsoße

- zu Fleisch (besonders zu Schweinebraten,
  Lamm und Hammel), sehr gut auch zu Huhn
  und Hackbraten, sowie zu Fleischgerichten mit
  Wein und Knoblauch
- zu gedünstetem und gegrilltem Meerfisch
- an Meeresfrüchte
- zu Eierspeisen
- Tee aus getrocknetem Kraut
- italienische Küche (Mozzarella mit Tomaten
  und frischem Basilikum)
- gehört besonders in die indische und
  malaiische Küche
- an Pilze
- zu Marinaden und Vinaigrettes
- zur Bereitung von Kräuteressig aus Weinessig
- zum Einlegen von Gurken
- für Rohkost und für Diäten gut geeignet

5.2. Welche Pflanzenteile werden verwendet ?

- meist die frischen Blätter (sehr sparsam verwenden, da starke Würzkraft)
- Blätter und Kraut (nicht kleinschneiden,
  sondern mit der Hand zerreißen)
- pulverisiert für Wurst (besonders Leberwurst),

Pasteten und Ragouts
- aus den Blättern zusammen mit Zitronensaft
  für hinreißende Sorbets
- Blütenknospen werden in Salaten oder zur
  Garnierung verwendet

6. Haltbarmachung

- trocknen und das Kraut in dunklen Gläsern mit
  luftdicht schließenden Deckeln aufbewahren
- auch zerrieben gut verschließen
- kurz blanchieren, in einen Plastikbeutel stek-
  ken und tiefgefrieren
- in Öl einmachen: saubere, trockenen Blätter in
  einen Krug legen, schichtweise mit einer guten

Prise Salz bestreuen, obenauf Olivenöl gießen,
verschließen; hält sich im kühlen Raum oder
Kühlschrank sehr gut
- ist sehr gut einzufrieren (vorher mit Olivenöl
  einreiben)
- Blätter in Essig einlegen

7. Bedeutung

Jeder, der einen Garten hat, sollte darin Basilikum anbauen, denn es gehört zu den beliebtesten
Küchenkräutern der Welt.

Beifuß

Artemisia vulgaris

Blatt

Zweig

Blütenstand

Beifuß –

ist ein Küchenkraut.

1. Namen

botanischer Name: **Artemisia vulgaris**

- Beinwuchskraut
- Beipes
- Besenkraut
- Biboz
- Buck
- Buckel
- Frauenkraut
- Echter Beifuß

- Geißbart
- Gänsekraut
- Gemeiner Beifuß
- Gewöhnlicher Beifuß
- Himmelskehr
- Himmelsuhr
- Jungfernkraut
- Männerkrieg

- Muggert
- Mugwurz
- Peipoz
- Roter Bock
- Sonnwendgürtel
- Sonnwendkraut
- St. Johannesgürtel
- St. Johanniskraut

- Stabkraut
- Stabwurzelkraut
- Weiberkraut
- Weißer Bock
- Wilder Wermut
- Wisch

2. Wichtige Charakteristiker

Jährigkeit	Höhe	Blütenfarbe
mehrjährig	60 – 250 cm	blüht von August bis September gelb bis rostbraun

3. Anbau

- Vermehrung durch Stockteilung oder Aussaat
- Aussaat ab April ins Frühbeet (Lichtkeimer)
- Keimdauer 2 - 4 Wochen
- Pflanzweite 40 x 40 cm
- einfacher ist es, den Wurzelstock zu teilen
- wächst zwar in jedem Gartenboden, verlangt aber nährstoffreichen, leicht kalkhaltigen Boden, um nicht holzig zu werden
- liebt mitteltrockenen, durchlässigen Boden und einen sonnigen Platz

- im Winter abfrieren lassen, die Pflanze treibt im Frühjahr wieder aus
- Ernte der Rispen kurz vor dem Aufblühen der Blütenknospen (sind nach der Ernte zu bitter), die Rispen werden ca. 10 cm unter dem untersten Knospenansatz abgeschnitten
- Beifuß lässt sich im Balkonkasten ziehen, besser geeignet ist jedoch ein größerer Tonkrug
- zwei bis drei Pflanzen reichen für den Bedarf einer Familie

4. Geschmack

- mild-würzig bis zartbitter
- süß

- mit scharfem Wacholder- und Pfefferaroma
- oft mit erdiger Note und einem Hauch von *Minze

5. Verwendung in der Küche

Verstärkt den Eigengeschmack schon durch geringe Zugabemengen !

5.1. Bereitung von Speisen und Getränken

- an fette Käsegerichte (z.B. Feta)
- zu Salaten
- für kräftige Soßen
- an alle fetten Fleischgerichte
- zu Gänse- Entenbraten
- Schweine- und Wildbraten
- auch zu Kalbshaxe und Hammel

- zu gebratenem Aal
- aber auch zu Fisch und Pilzen
- auch für die Essig- und Kräuterölherstellung geeignet
- zum Auslassen von Schmalz
- an Aufläufe

5.2. Welche Pflanzenteile werden verwendet ?

- frische junge Blätter und Triebe
- frische Rispen mit geschlossenen Knospen

- Blütenknospen

6. Haltbarmachung

- getrocknet in Schraubgefäßen aufbewahren
- sehr gut auch zum Einfrieren geeignet

7. Bedeutung

Auch heute noch (wo wir nicht mehr so fett wie früher kochen) sollte bei jedem Gartenfreund oder Hobbykoch Beifuß im Garten und im Küchenkräuter-Vorratsschrank nicht fehlen. Beifuß ist das beste Küchenkraut für Leute, die einen empfindlichen Magen haben (mitgekocht macht Beifuß fettreiche Gerichte bekömmlicher).

Beifuß *(Artemisia vulgaris)*

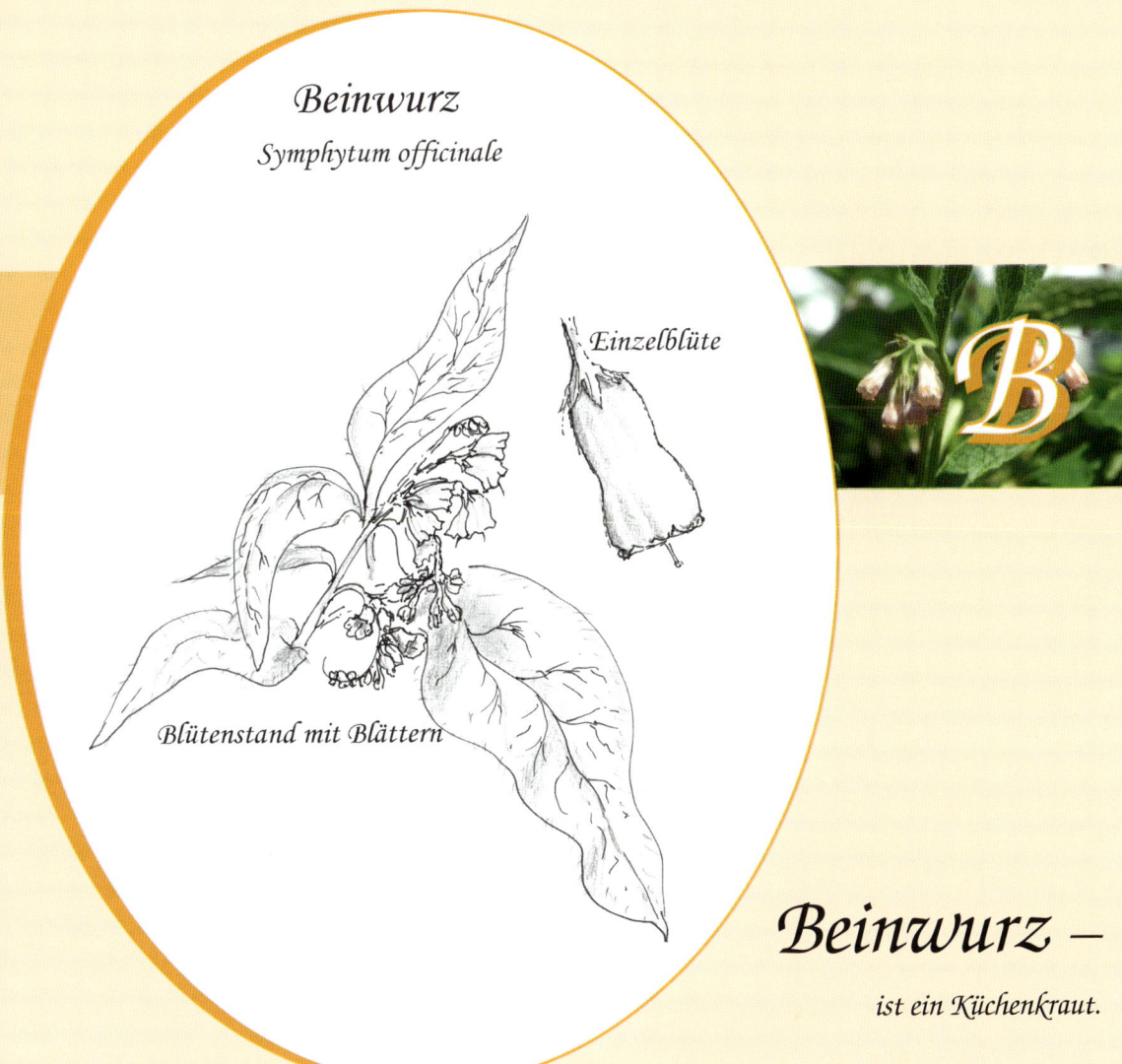

Beinwurz

Symphytum officinale

Einzelblüte

Blütenstand mit Blättern

Beinwurz –

ist ein Küchenkraut.

1. Namen

botanischer Name: **Symphytum officinale**

- Beinbruchwurzel
- Beinwell
- Beinwurzel
- Eselohrwurzel
- Gemeiner Wallwurz
- Hasenlaub
- Hälwurzel
- Heilwurzel
- Himmelsbrot
- Honigblum
- Kuchenkraut
- Milchwurz
- Schmalwurzel
- Schmerzwurz
- Schwarze Waldwürze
- Schwarzwurzel
- Soldatenwurzel
- Speckwurz
- Wallwurz
- Wottel
- Wundwurzel
- Zottel
- Zuckerhaferl

2. Wichtige Charakteristiker

JÄHRIGKEIT	HÖHE	BLÜTENFARBE
mehrjährig	50 – 150 cm	blüht von Mai bis August rosa bis zartblau und violett, auch weiß bis gelblich

3. Anbau

- wächst als Wildkraut an Teichen, Bachläufen, Gräben, feuchten Wiesen und Feldrändern
- man kann im Herbst oder im Frühjahr Samen aussäen, einfacher ist jedoch die Vermehrung durch Wurzelteilung
- in Abständen von 40 x 50 cm ca. 5 cm tief pflanzen
- liebt tiefgründigen Boden (im Frühjahr und Spätsommer am besten einen Eimer frischen Mist geben) mit reichlich Humus
- der Boden sollte nährstoffreich und sauer bis schwach alkalisch sein
- gedeiht in der Sonne, aber auch im Schatten; da Beinwurz am besten in lichtem Halbschatten gedeiht, sollte man ihn nicht im Kräutergarten, sondern besser unter Obstbäumen oder am Heckenrand pflanzen
- stets feucht halten
- der Standort muss gut überlegt sein, denn die Pflanze lässt sich wegen der langen Wurzeln so gut wie nicht wieder entfernen (im Garten als Hintergrund- oder Sichtschutzpflanze sehr gut geeignet)
- Ernte der frischen Blätter vor der Blüte vom Frühjahr an laufend
- die Wurzel wird von Oktober bis April geerntet (nur einen Teil des Wurzelwerkes entnehmen)
- abgestorbene Stängel im Winter abschneiden
- die Wurzeln sind winterhart
- lebt mindestens 20 Jahre
- ist nicht für die Haltung in Balkonkästen und Töpfen geeignet
- der Bedarf für eine Familie liegt bei einer Pflanze

4. Geschmack

- leicht süßlich, frisch-würzig
- die Wurzeln schmecken etwas nach Kampfer

5. Verwendung in der Küche

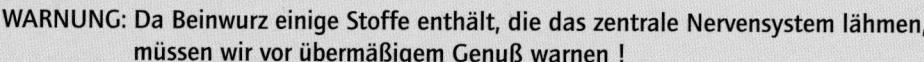

Beinwurz verträgt Hitze. Er kann also gut mitgekocht werden.

WARNUNG: Da Beinwurz einige Stoffe enthält, die das zentrale Nervensystem lähmen, müssen wir vor übermäßigem Genuß warnen !

5.1. Bereitung von Speisen und Getränken

- sehr schmackhaft sind die Blätter mit Holländischer Soße und geriebenem Käse
- als Salat
- sehr gut auch zu Gemüse
- Sprossen lassen sich wie Spargel zubereiten
- zu eingelegten Gurken und zu Mangold und Spinat
- auch an Suppen und Eierspeisen
- in Eierkuchenteig tauchen und frittieren

5.2. Welche Pflanzenteile werden verwendet ?

- Blüten für Salate
- junge Blätter vor der Blüte
- die bis zu 300 cm lang werdende Wurzel (frisch oder getrocknet und gemahlen)

6. Haltbarmachung

- Blätter und Wurzeln (zerhacken) und trocknen (die Wurzeln brauchen bei Lufttrocknung etwa eine Woche) und fest verschlossen aufbewahren
- lässt sich auch sehr gut einfrieren (mit Wasser Eiswürfelportionen herstellen)

7. Bedeutung

Kräuter-Fans sammeln Beinwurz., seltener wird er in Kräutergärten angebaut.

Beinwurz *(Symphytum officinale)*

Bohnenkraut

Satureja hortensis

Blüte

Zweig

Bohnenkraut –

ist ein Küchenkraut.

1. Namen

botanischer Name: **_Satureja hortensis_**

- Aalkraut
- Bauernkräutchen
- Gartenhysop
- Gartenquendel
- Käsekraut

- Kölle
- Josefle
- Pfefferkraut
- Saturei
- Sommerbohnenkraut

- Sommersaturei
- Weinkraut
- Winterbergminze
- Wurstkraut

2. Wichtige Charakteristiker

Jährigkeit	Höhe	Blütenfarbe
einjährig – sät sich aber selbst aus (es gibt auch das hier nicht beschriebene mehrjährige Winter- oder Bergbohnenkraut, das dem einjährigen Sommerbohnenkraut ähnelt)	30 – 40 cm	blüht von Juli bis September zart blau bis hellrot (rosa-malvenfarbig) und weiß, aber auch weinrot bis violett

3. Anbau

- flach (Lichtkeimer) ins Freiland in lockeren Boden, in sonniger Lage von April an in Reihen mit 15 cm Abstand säen
- keimt nach 2 - 3 Wochen; dann auf 15 cm vereinzeln (da Bohnenkraut das Umpflanzen nicht mag)
- ein nährstoffreicher (nicht frisch gedüngter), lockerer, humoser Boden wirkt sich günstig aus
- benötigt einen sonnigen Platz (am besten am Rande eines Bohnenbeetes; es schützt die Bohnen vor Läusen)
- Sommerbohnenkraut benötigt sehr viel Wärme, um ein intensives Aroma zu entwickeln
- es braucht in der ersten Wachstumsphase viel Feuchtigkeit, ansonsten reicht ein mittel-trockener Boden
- Ernte ständig frisch; die grünen Blätter haben kurz vor und während der Blüte das würzigste Aroma
- Ernte für das Trocknen: kurz vor und während der Blüte
- sehr gut in Töpfen und Blumenkästen zu ziehen
- 2 - 3 Pflanzen reichen für den Familienbedarf

4. Geschmack

- intensiv aromatisch
- würzig-pfeffrig
- manchmal beißend
- leicht harzig, an *Majoran, *Minze und *Thymian erinnernd
- etwas bitter

5. Verwendung in der Küche

Bohnenkraut wird in der Regel mitgekocht bzw. mitgebraten.
Wird es roh zu Salaten verwendet, sollte man ganze Blätter nehmen, denn beim Hacken wird der Geschmack oft zu kräftig oder bitter. Es wird oft zu Kräutermischungen, insbesondere zu *Bouquet garni hinzugenommen. Dient auch als Pfefferersatz – man soll es sparsam dosieren.

5.1. Bereitung von Speisen und Getränken

- zu Salaten (besonders zu grünem Salat und zu Gurkensalat)
- zu Kartoffelsalat, Kartoffelpuffer, Bratkartoffeln und Kartoffelklößen
- klassische Beigabe zu grünen Bohnen und allen anderen Hülsenfrüchten, aber auch zu Rot- und Weißkohl (zusammen mit *Thymian) und Tomatengerichten
- zu kräftigen Suppen und Eintöpfen
- zu Soßen (besonders Tomatensoßen)
- zu allen fetten Fleischgerichten
- für deftige Ragouts
- sehr gut zu Wild und Lamm
- an (Leber-)Wurst- und Wurstsalate
- an Fischsalate und fast alle Fischgerichte
- an Pilzgerichte
- wird zum Auslassen von Fett benötigt
- an Füllungen
- zum Herstellen von Kräuteressig
- zum Einlegen von Gurken
- auch für vegetarische Küche
- für Diäten

5.2. Welche Pflanzenteile werden verwendet ?

- Verwendung der Blätter und kleinen Zweige
  sowohl frisch als auch getrocknet
- auch als Pulver gut zu verwenden
- Blüten für Salate und zum Garnieren

6. Haltbarmachung

das Kraut wird frisch geschnitten und getrocknet, aber auch gefrostet

7. Bedeutung

Jeder, der einen Garten hat und selbst kocht, sollte darin Bohnenkraut anbauen.

Bohnenkraut *(Satureja hortensis)*

Borretsch

Borago officinalis

Blatt

Blütenstand

Borretsch –

ist ein Küchenkraut.

1. Namen

botanischer Name: **Borago officinalis**

- Augenzier	- Borgelblüten	- Gurkenkraut	- Kukumerkraut
- Beragen	- Borrasch	- Herzblümlein	- Liebäuglein
- Blauhimmelsstern	- Burisblüten	- Herzfreude	- Wohlgemut
- Boretsch	- Gurkenkönig	- Himmelsstern	- Wohlgemutsblume

2. Wichtige Charakteristiker

JÄHRIGKEIT	HÖHE	BLÜTENFARBE
einjährig	40 – 100 cm	blüht von Juni bis Oktober blau bis rosa, manchmal auch weiß

3. Anbau

- Aussaat im März - April mit Folgesaaten ins Freiland, bei einer Reihenentfernung von 30 cm
- Keimdauer 6 - 8 Tage
- später auf 20 cm vereinzeln, da Borretsch sich wegen der langen Pfahlwurzel schlecht verpflanzen lässt
- sät sich selbst aus, so dass für das nächste Jahr gesorgt ist
- Borretsch liebt einen gut gedüngten Boden, der feucht, aber locker, durchlässig und kalkhaltig sein sollte
- wächst in jedem Garten, am besten aber in Sonnenlagen
- braucht mehr Feuchtigkeit als die meisten Küchenkräuter; muss bei längeren Trockenperioden gut gewässert werden
- er wirkt sich günstig auf Wuchs und Gesundheit von Tomaten, Rote Beete, Sellerie, Erdbeeren, Kohl, Kohlrabi, Gurken und Zucchini aus
- Borretsch ist zu groß fürs Kräuterbeet; er wird am besten auf abgeerntete Gemüsebeete gesetzt
- Ernte der jungen frischen Blätter ständig möglich
- er ist nicht sonderlich als Topfpflanze geeignet
- der Pflanzenbedarf für eine vierköpfige Familie liegt bei 2 - 3 Stück

4. Geschmack

- feinsäuerlich erfrischend
- Gurkengeschmack
- leicht salzig

5. Verwendung in der Küche

Nicht kochen – nur frisch (und möglichst kleingehackt) verwenden !

5.1. Bereitung von Speisen und Getränken

- auf Butterbrot
- sehr gut zu Joghurt, Käsecreme, Weichkäse, Quark und Majonäse
- zu allen Arten Salat (besonders Gurken- und grünem Salat)
- auch an Wild- und Kartoffelsalat
- sehr gut als Zugabe zu Spinat und Mangoldgemüse
- auch als Spinat kochen
- verfeinert alle Kohlgerichte
- in Erbsen- und Bohnensuppen
- an kalte Soßen (besonders helle Fischsoßen), aber auch für grüne Soße
- zu Aal
- an Eierspeisen (kleingehackte Kräuter zu hart gekochten Eiern)
- geben Erfrischungsgetränken einen leichten Gurkengeschmack (Blätter und Blüten eine Stunde ziehen lassen)
- auch Wein sowie Apfelwein lässt sich so gut aromatisieren
- auch für heiße Getränke vorzüglich geeignet (Zitronensaft und Zucker hinzufügen)
- auch für Marinaden gut verwendbar
- zum Einlegen von Gurken und Sauergemüse
- auch für Rohkost
- sehr gut für kochsalzarme Diäten
- Blüten (auch verzuckert) zum Garnieren

5.2. Welche Pflanzenteile werden verwendet ?

- nur junge, samtweiche Triebe verwenden (nie die behaarten Stängel)
- Blätter werden am besten kleingehackt (da die Haare an den Blättern nicht sehr appetitlich aussehen)
- auch die Blüten sind essbar, werden sehr gern zu Speiseessig genommen
- gelegentlich kandiert man auch die Blüten oder friert sie in Eiswürfel für Drinks ein

6. Haltbarmachung

- die sehr wasserhaltigen Blätter schmecken
  nur frisch, weshalb sie nicht haltbar gemacht
  werden
- Blüten trocknen
- Blüten in Eiswürfeln einfrieren
- Blüten kandieren

7. Bedeutung

Borretsch ist eine der traditionellen Pflanzen des Kräutergartens.
Bei jedem Gartenfreund und jedem Hobbykoch sollte Borretsch im Garten und im Küchenkräuter-Vorratsschrank nicht fehlen.

Borretsch *(Borago officinalis)*

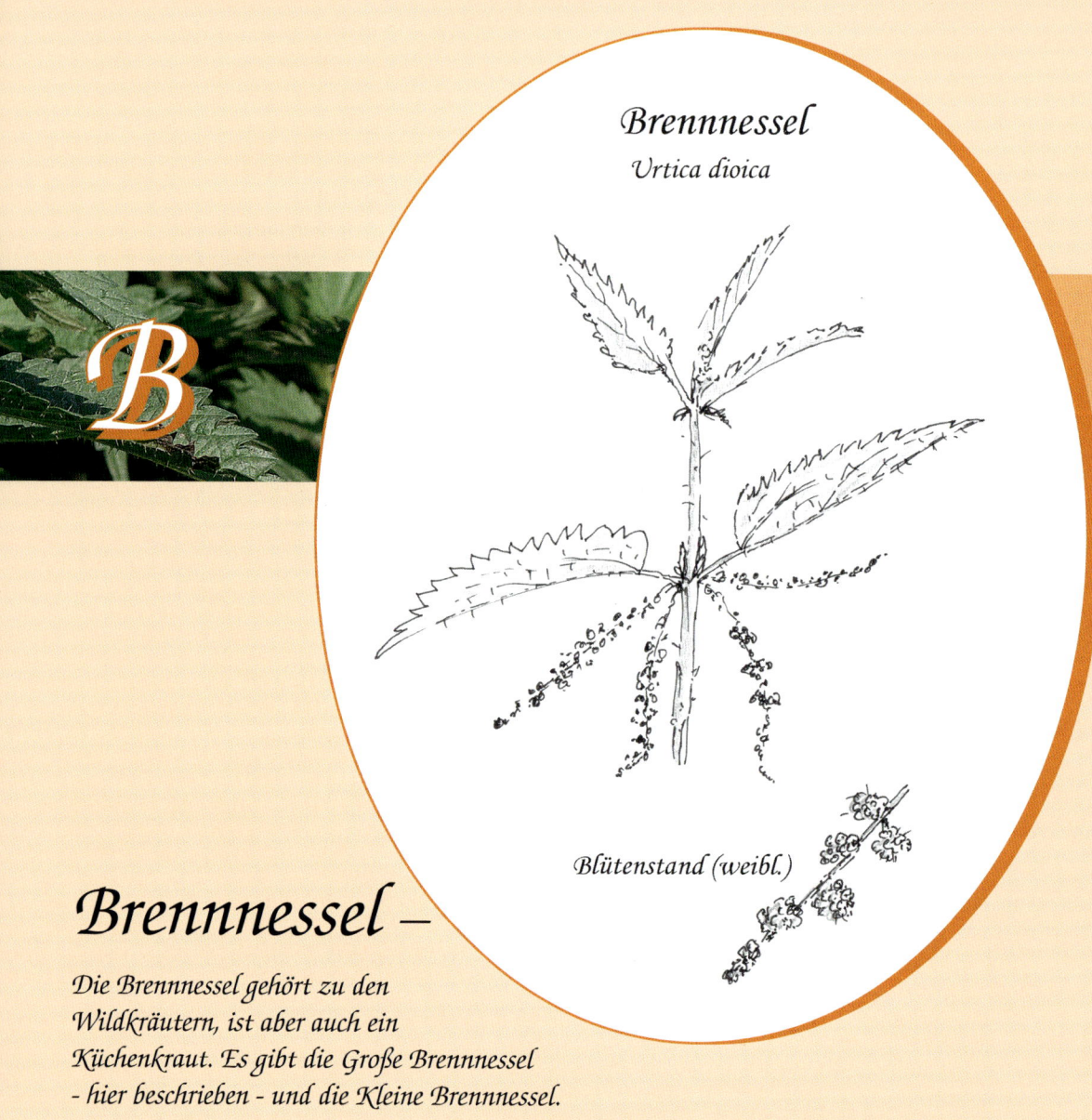

Brennnessel

Urtica dioica

Blütenstand (weibl.)

Brennnessel –

Die Brennnessel gehört zu den
Wildkräutern, ist aber auch ein
Küchenkraut. Es gibt die Große Brennnessel
- hier beschrieben - und die Kleine Brennnessel.

1. Namen

botanischer Name: **Urtica dioica**

- Donnernessel	- Haarnessel	- Hautnessel	- Saunessel
- Eselkraut	- Habernessel	- Nessel	- Senznettel
- Große Brennnessel	- Hanfnessel	- Nettel	- Tausendnessel

2. Wichtige Charakteristiker

JÄHRIGKEIT	HÖHE	BLÜTENFARBE
mehrjährig	60 – 150 cm	blüht von Mai bis Oktober hellgrün bis weißlich-gelb

3. Anbau

- man sammelt diese Wildpflanze zum Trocknen im Frühsommer
- sie verbreitet sich vorwiegend durch unterirdische Ausläufer
- Vermehrung durch Pflanzenteilung und Samen
- bevorzugt nährstoffreiche Schuttplätze, Ödland, Mauern, Hecken, Zäune, Weg- und Gehölzränder
- gedeiht am besten in sonnigen bis halbschattigen Lagen
- junge Triebe und Blätter kann man fast ganzjährig ernten (am besten mit Handschuhen)
- Ernte der Blüten ab Juli
- im Garten sollte man Brennnesseln dort wuchern lassen, wo sie nicht stören (wenn man die Samenbildung verhindert und zu weit wachsende Wurzelausläufer mit dem Spaten absticht, kann eigentlich nichts passieren)
- man zieht Brennnesseln nicht in Balkonkästen oder Töpfen
- für eine Familie reichen 2 - 3 Pflanzen, wenn man Brennnessel nicht wie Spinat zubereiten möchte

4. Geschmack

angenehmer herb-bitterer Geschmack (erinnert an Spinat)

5. Verwendung in der Küche

Brennnesseln sollten grundsätzlich in Fett oder Salzwasser kurz gegart werden, damit sie nicht „brennen", man kann sie dafür auch leicht anwelken lassen.

5.1. Bereitung von Speisen und Getränken

- Blütenstände in Butter gedünstet sind sehr delikat
- zur Zubereitung von Majonäse
- junge Triebe an Salate und Salatsoßen
- an Spinat, aber auch eigenständig wie Spinatgemüse
- an Suppen (Brennnesselsuppe, Kräutersuppe) und Eintöpfe
- in Schmorgerichten kann man auch ältere Blätter verwenden
- Kräutertee aus frischen oder getrockneten Blättern
- an Marinaden, Kräuteressig und Kräuteröl
- an Rohkostgerichte

5.2. Welche Pflanzenteile werden verwendet ?

- Blätter sind frisch am gehaltvollsten
- auch die Blüten kann man verwenden
- aus dem frischen Kraut kann man auch Saft auspressen, der jedoch bald getrunken werden muss

6. Haltbarmachung

Die getrockneten leicht zerkrümelten Blätter werden in verschlossenen Gläsern dunkel aufbewahrt

7. Bedeutung

Aufgrund ihres Vitamin- und Mineralstoffgehaltes sollte die Brennnessel eigentlich bei Hobby-Köchen beliebter sein !
Die meisten Hobby-Gärtner werden wegen ihres Nesseleffektes gern auf sie verzichten !

Brennessel *(Urtica dioica)*

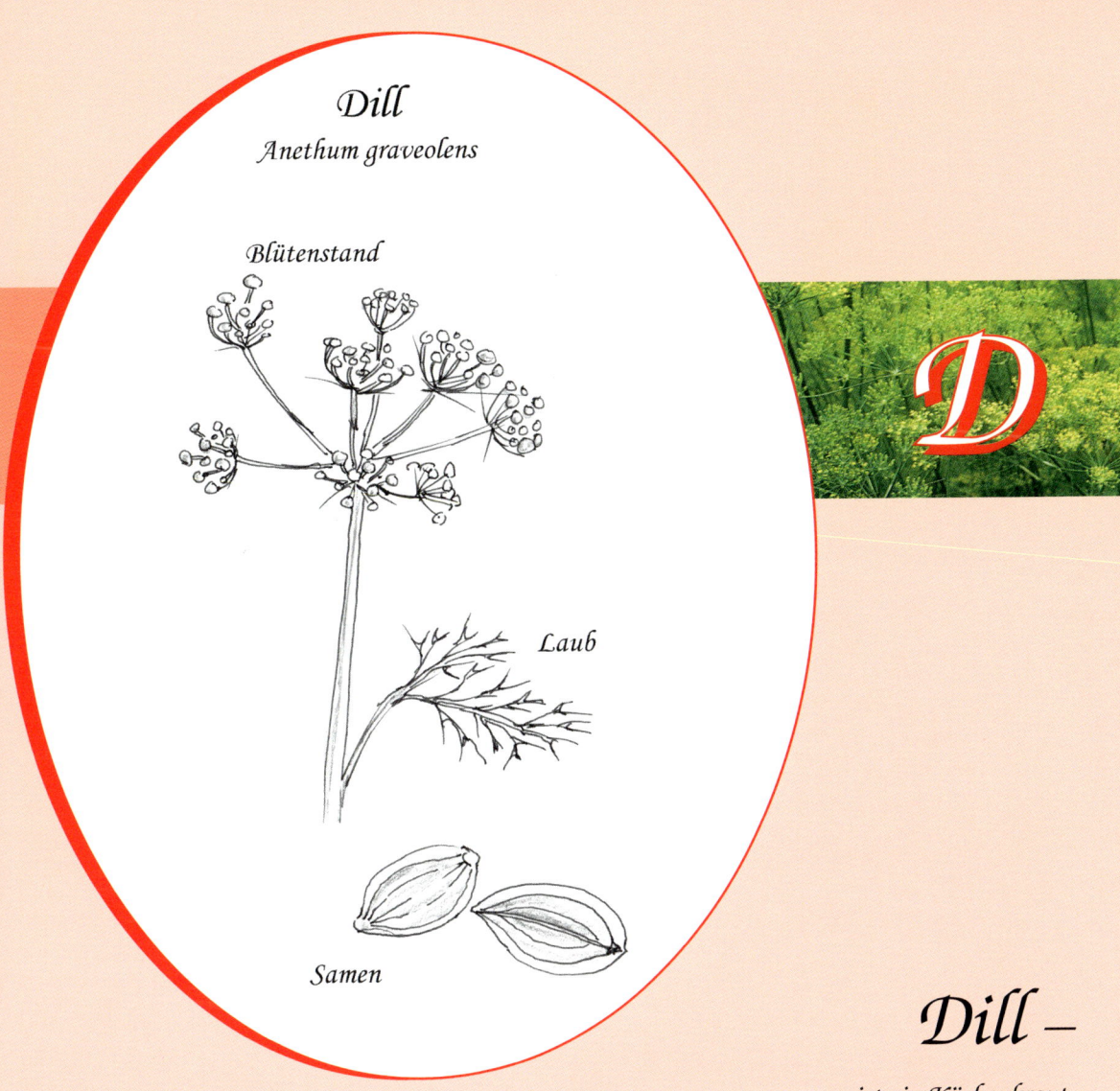

Dill
Anethum graveolens

Blütenstand

Laub

Samen

Dill –

ist ein Küchenkraut.

1. Namen

botanischer Name: **Anethum graveolens**

- Däll
- Dillfenchel
- Dille
- Dillsamen
- Dillscheiben
- Dyl
- Gurkenkraut
- Gurkenkräutel
- Hochkraut
- Ille
- Kappernkraut
- Kümmerlingskraut
- Till
- Tille
- Umorkenkraut

2. Wichtige Charakteristiker

JÄHRIGKEIT	HÖHE	BLÜTENFARBE
einjährig	60 – 150 cm	blüht von Juni bis September dottergelb

3. Anbau

- Aussaat von März - April in Reihen ins Freiland mit Folgesaaten
- keimt nach 14 - 21 Tagen
- auf 20 cm verziehen (verträgt das Umpflanzen nicht)
- wächst in fast jedem Gartenboden (besonders, wenn er gut drainiert und nährstoffreich ist)
- möchte aber möglichst windgeschützt stehen
- braucht viel Sonne, darf aber nicht austrocknen
- nicht mit *Fenchel zusammen säen, da es sonst zu Kreuzungen kommt
- verträgt sich auch nicht gut mit *Estragon, *Minze, *Rosmarin und *Salbei
- wächst am besten zusammen mit Gurken, bei denen er einen kühlen Fuß sowie an Blättern und Dolden viel Sonne hat
- Dill begünstigt das Aufgehen der Saat von Kohl, Gurken, Möhren und Zwiebeln; er beugt Wurzelschädlingen vor und hilft Buschbohnen, Erbsen und Spargel bei der Blattlausabwehr
- wenn Dill nicht sonderlich gedeiht, versucht man es an einem anderen Ort
- Dill ist winterfest
- Blätter kann man jederzeit ernten, sollte es aber vor der Blüte tun, die Blüten kurz vor der Samenbildung
- den Samen einsammeln, wenn die Dolden braun werden (am besten die ganze Pflanze abschneiden und die ausfallenden Samen beim Trocknen auf einer Unterlage einsammeln)
- gedeiht auch im Balkonkasten mit Balkonblumen auf Blumenerde, der 1/3 Sand beigemischt ist (im Topf allein wird er schnell gelb)
- der Bedarf einer vierköpfigen Familie, in der man schon etwas mit Küchen-Kräutern würzt, ist erheblich; die ganze Saison hindurch sollte man die Möglichkeit haben, zwischen 10 und 20 Pflanzen zu ernten

4. Geschmack

- alle Pflanzenteile sind leicht scharf aber süß und mit etwas Zitronenaroma; sie schmecken frisch
- die Blätter schmecken nach *Petersilie und *Anis
- die Samen sind bitterlich-herb, sie schmecken etwas nach *Anis und *Kümmel

5. Verwendung in der Küche

Grünen Dill nicht mitkochen (Aromaverlust) – getrockneten erst in letzter Minute reichlich zugeben ! Dill ist das klassische Fisch- und Gurkenkraut !

5.1. Bereitung von Speisen und Getränken

- an Kräuterbutter (Dillbutter)
- auf Butterbrot
- auch sehr lecker an Joghurt und saurer Sahne (besonders zu Gurken)
- mit Quark und/oder Hüttenkäse zu gekochten Kartoffeln
- auch allein an Weichkäse
- Dillmajonäse für Fischsalate
- zu grünem Salat, Gurkensalat und neuen Kartoffeln bzw. Kartoffelsalat
- an Bohnensalate
- an Spinatgemüse, Sauerkraut und Kohl
- zur Sauerkrautherstellung
- an Suppen und Eintöpfe, aber auch als Dillsuppe
- Dillsoße passt ideal zu grünem Aal, Krabben und Krebsen
- aber auch an vielerlei andere (auch kalte) Soßen
- zu Hammelbraten, Lamm, gedämpftem Huhn und gegrilltem Fleisch
- sowohl zu Koch- als auch zu Bratfisch

- mit Salz zusammen an Lachs
- zu Eierspeisen
- wird besonders in der türkischen und skandinavischen Küche (Räucherlachs) verwendet
- für Marinaden/Vinaigrettes
- zur Herstellung von Dillessig

- Dill wird für das Einlegen von Gurken und anderem Sauergemüse (z.B. Blumenkohl) benötigt
- sauer Eingelegtes (Fleisch und Fisch)
- an Rohkostspeisen
- an Apfelkuchen, Kuchen und Brot

5.2. Welche Pflanzenteile werden verwendet ?

- frisches Kraut schmeckt am besten, lässt sich aber auch gut trocknen
- Samen können ganz oder gemahlen verwendet werden
- Samen besonders für Fisch und Huhn
- Samen an Kohlgerichte und Krautsalate

- Samen mit *Kümmel und *Knoblauch als Quarkgewürz
- Samen bei Sauerkraut- und Pilzgerichten nahezu unentbehrlich
- Blütendolden (haben stärkeres Aroma als die Blätter)
- Stiele

6. Haltbarmachung

- lässt sich hervorragend einfrieren
- lässt sich auch trocknen (am besten über einem Tuch, um die Samen zu gewinnen)

verliert aber viel Aroma
- Samen getrocknet im Schraubglas aufbewahren

7. Bedeutung

Jeder der einen Garten hat sollte Dill anbauen – ein Kräutergarten ohne Dill und ein Koch, der keinen Dill verwendet, sind undenkbar !

Dill *(Anethum graveolens)*

E

Estragon
Artemisia dranunculus

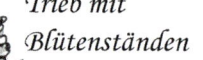
Trieb mit
Blütenständen

Estragon –

ist ein Küchenkraut.
Man unterscheidet neben dem
hier beschriebenen Deutschen
Estragon noch den Russischen Estragon.

frische, junge Triebe
ohne Blüten

1. Namen

botanischer Name: ***Artemisia dracunculus***

- Aromatischer Estragon	- Deutscher Estragon	- Dragun	- Kaiserkraut
- Bertram	- Drachantkraut	- Dragunwermut	- Kaisersalat
- das Kraut, das die	- Dragonbeifuß	- Eierkraut	- Schlangenkraut
Kreuzfahrer mitbrachten	- Dragonellikraut	- Esdragon	- Trabenkraut
- der kleine Drache	- Dragonkraut	- Franz. Estragon	

2. Wichtige Charakteristiker

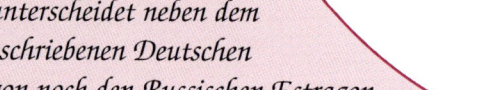

JÄHRIGKEIT	HÖHE	BLÜTENFARBE
mehrjährig	60 – 100 cm (Extrempflanzen bis 200 cm)	weiß-gelblich bis grau-grün, häufiger grünlich-weiß (blüht von Juli bis September, gelangt aber nur selten zur Blüte)

3. Anbau

- den Aromatischen Estragon kann man nur aus Ablegern, durch Pflanzenteilung oder über Blattstecklinge ziehen
- auf 30 x 30 cm Abstand setzen
- Estragon ist recht anspruchsvoll
- liebt nahrhaften, gut durchgearbeiteten, mäßig sauren bis neutralen, aber durchlässigen Boden
- verlangt in der Wachstumsphase Dünger, um sein Aroma voll zu entfalten, sonst reicht ein mittlerer Humusgehalt aus
- braucht einen sonnigen bis halbschattigen, windgeschützten, trockenen Platz, muss aber in trockenen Zeiten reichlich gegossen werden
- günstig ist die Befestigung an einem Stab
- Estragon sollte in einer „schneckenfreien Zone" angebaut werden, sonst hat man kaum Freude an ihm; erst große Pflanzen sind relativ sicher vor Nacktschnecken
- die Blüten abzupfen, damit sich die Blätter besser entwickeln
- im Herbst kurz schneiden, vor dem Frost mit Stroh oder lockerem Laub abdecken
- die Pflanze sollte alle 3 - 4 Jahre durch Teilung erneuert und in frische Erde gesetzt werden
- die Blätter können ständig geerntet werden
- die Haupternte ist im Spätsommer; zu Beginn der Blüte über dem Boden abschneiden, bündeln und im Schatten trocknen
- im Winter in rauher Gegend abdecken (die Stauden treiben aus dem Wurzelstock neu aus)
- im Topf oder Balkonkasten können Jungpflanzen ein Jahr lang an einem hellen Standort gehalten werden
- zwei bis drei Pflanzen reichen für eine Familie

4. Geschmack

- frisch-würzig
- bittersüß
- anisartig

5. Verwendung in der Küche

**Estragon bildet mit *Kerbel und *Petersilie die Würzmischung *„Fines herbes".
Er entwickelt das beste Aroma, wenn das betreffende Gericht leicht mit Zitronensaft abgeschmeckt wird. Bei Blattsalaten zurückhaltend verwenden !**

5.1. Bereitung von Speisen und Getränken

- Kräuterbutter
- zu scharfer Majonäse
- zu allen Salaten, aber besonders gut zu grünem Salat
- an Gemüse, besonders an Bohnen und Gurken
- ideal zu Spargel
- lecker zu Kürbisgemüse
- an Sahnepürees und Sahnesuppen
- zu vielen Soßen, besonders in scharfe Soßen, auch in Salat- und Kräutersoßen
- zu vielen hellen Soßen (besonders zu Spargelsoße und zu Fischsoßen)
- Sauce Béarnaise ist das bekannteste Gericht mit diesem Küchenkraut
- auch die Sauce Hollandaise und die Sauce Tartare bedürfen des Estragons
- zu Fleisch, besonders Kalbfleisch und Geflügel, aber auch zu Leber- und Herzgerichten sowie zu Ragouts und Steaks
- zu Fisch, insbesondere zu gekochtem und gegrilltem Fisch
- an Omelettes, Rührei und anderen Eierspeisen
- mit Estragon gefrorene Eiswürfel ergeben in Kaltgetränken einen interessanten Geschmack
- auch zur Herstellung von Likör
- besonders wichtig in der französischen, chinesischen und indonesischen Küche
- in Füllungen für Hähnchen

- würzt Fleischbrühe
- an Weinessig (produziert aus billigstem Essig eine köstliche Salatwürze); wird gern mit *Majoran, *Dill, *Basilikum, *Bohnenkraut

und *Thymian sowie einer *Zwiebel zur Herstellung von bestem Kräuteressig verwendet
- Einlegen von Gurken und Essiggemüse
- an Rohkost und Diätgerichte

5.2. Welche Pflanzenteile werden verwendet ?

- Blätter und feine Triebspitzen werden verwendet

- frische Estragonblättchen für sanftes delikates Würzen

6. Haltbarmachung

- einfrieren
- beim Trocknen verliert es viel Aroma (und bekommt einen heuähnlichen Beigeschmack)

- man kann Blätter auch in luftdichten Gläsern aufbewahren
- in Öl oder Essig einlegen

7. Bedeutung

Bei keinem Gartenfreund oder Hobbykoch sollte Estragon im Garten und im Küchenkräuter-Vorrat fehlen, denn „der kleine Drache" ist eines der besten Küchenkräuter.

Estragon *(Artemisia dracunculus)*

Fenchel
Foeniculum vulgare

Blütenstand

Samen

Laub

Fenchel –

ist ein Küchenkraut.
Der hier behandelte Garten-
fenchel ist der in Deutschland
meist anzutreffende Fenchel.
Von Bedeutung sind weiter der
„Florentiner Fenchel" und der „Bronze-Fenchel".

1. Namen

botanischer Name: **Foeniculum vulgare**

- Britsamen
- Brotanis
- Brotsamen
- Brotwürzkörner
- Enis

- Femis
- Fenchel-Dille
- Fenikel
- Fenköl
- Fennisamen

- Finchel
- Finkel
- Frauenfenchel
- Gemeiner Fenchel
- Kammfenchel

- Langer Anis
- Römischer Fenchel
- Süßer Fenchel

2. Wichtige Charakteristiker

JÄHRIGKEIT	HÖHE	BLÜTENFARBE
zweijährig bis mehrjährig	80 – 120 cm	blüht im 2. Jahr von Juli bis September gelb

3. Anbau

- Aussaat April bis Mai ins Freiland in Reihen von 15 - 20 cm
- keimt nach 15 - 20 Tagen
- in der Reihe auf 10 cm vereinzeln und ein Jahr stehen lassen
- im zweiten Jahr auf 40 - 60 cm verpflanzen
- einfacher ist jedoch der Kauf vorgezogener Pflanzen in auf Küchenkräuter spezialisierten Gärtnereien
- hat lange rübenförmige Wurzeln (lassen sich später nur schwer aus dem Boden entfernen)
- braucht einen nährstoffreichen, kalkhaltigen Boden
- ein tiefgründiger, feuchter Boden ist ihm am liebsten
- liebt windgeschützte und vollsonnige Lagen; benötigt viel Wärme und Sonne für die Samenreifung
- Fenchel hemmt beim Anbau Bohnen und Tomaten stark im Wuchs
- man sollte ihn auch nicht neben *Koriander oder *Kümmel pflanzen
- gute Nachbarschaft hält er dagegen mit Erbsen, Gurken, Kohl und Salat
- hält einige Jahre aus (besonders wenn man ihn nicht blühen lässt)
- er ist winterhart, sollte aber im Winter abgedeckt werden
- alle 3 - 4 Jahre teilen und in neue Erde setzen
- der Samen wird von September bis Oktober geerntet (wie beim *Anis zuerst die Mitteldolden schneiden, dann die äußeren); abschneiden ehe die Dolden sich färben, um grüne Samenkörner zu bekommen
- wenn keine Samen benötigt werden, sollte man die Samenköpfe entfernen, um das Blattwachstum zu fördern
- Stängel und Blätter können nach Bedarf geerntet werden, Samenkörner erst im zweiten und dritten Jahr
- in rauhen Lagen sollte man die Wurzeln über den Winter abdecken
- Fenchel lässt sich nicht im Haus ziehen
- zwei bis drei Pflanzen reichen für eine Familie

4. Geschmack

variiert stark :
- wilder Fenchel ist leicht bitter
- süßer oder römischer Fenchel ist süßherb und schmeckt frisch
- erinnert an *Anis (ist anisähnlich, aber nicht so süß) mit einem Hauch Kampfer

5. Verwendung in der Küche

Fette Speisen werden durch Fenchel bekömmlicher außerdem gehören Fenchel und Fisch seit Jahrhunderten zusammen !

5.1. Bereitung von Speisen und Getränken

- Fenchelkraut zusammen mit *Pimpinelle und Käsewürfeln als Salat
- an Kräutermajonäse
- an Salate
- gehackte Fenchelblätter an Butterkartoffeln sind sehr schmackhaft
- an Sommergemüse
- Fenchelknollen als Gemüse
- für Einstampfen von Sauerkraut
- zu Suppen und Soßen (besonders zu Essigsoßen)
- für Fenchelsoße
- passt auch gut zu Fleisch, besonders gut zu Spanferkel, Schweinefleisch, Kalbfleisch und Wildschwein
- zu frischem und gesalzenem Fisch (wird im Wasser mitgekocht) sowie zu Meeresfrüchten
- zu Füllungen
- zu Hühnerbrühe und Fischboullion
- an Marinaden
- zum Einlegen von Gurken und von süßsaurem Gemüse

- süße Backwaren und Brotsuppen
- an Aufläufe
- an Kompott
- an Pflaumenmus und Pudding

5.2. Welche Pflanzenteile werden verwendet ?

- alle Pflanzenteile sind essbar
- Samen werden wie Kümmel verwendet
  (sind aromatischer als die Blätter)
- Samen für Tee
- Samen auch als Bestandteil des Würzbouquets
  für Schnecken
- die halbreifen Dolden werden zerhackt verwendet
- im Sommer können auch die frischen Blätter
  und Stängel geschnitten werden
- Blüten und Pollen werden ebenfalls genutzt
- in günstigen Anbaugegenden auch
  Fenchelknollen als Gemüse oder Salat

6. Haltbarmachung

- das gebündelte Kraut im Schatten trocknen
- die Blätter lassen sich sehr gut tiefgefrieren
- Blätter auch in Öl oder Essig einlegen
- Samen trocknen

7. Bedeutung

Bei jedem Gartenfreund oder Hobbykoch mit etwas mehr Interesse, sollte Fenchel im Garten und bei den Küchen-Kräutern nicht fehlen.

Fenchel *(Foeniculum vulgare)*

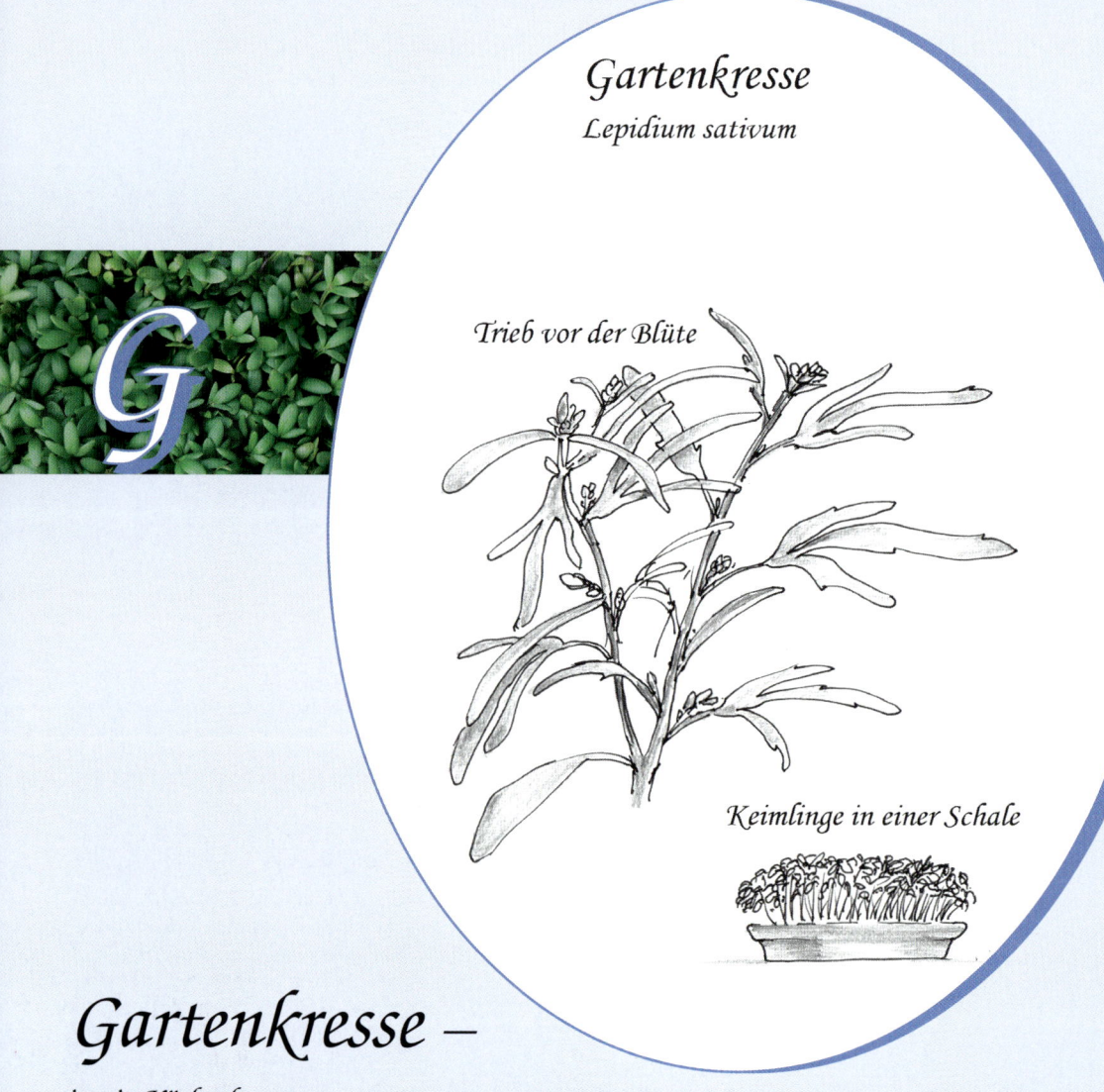

Gartenkresse
Lepidium sativum

Trieb vor der Blüte

Keimlinge in einer Schale

Gartenkresse –

ist ein Küchenkraut.
Sie ist nicht mit der *Kapuzinerkresse verwandt.

1. Namen

botanischer Name: **Lepidium sativum**

- Kresse
- Kressekraut
- Pfefferkresse

2. Wichtige Charakteristiker

JÄHRIGKEIT	HÖHE	BLÜTENFARBE
einjährig	30 – 50 cm, kletternde Varietäten bis zu 300 cm	blüht von Juni bis in den August hinein weiß-rosa

3. Anbau

- Gartenkresse ist von allen Küchenkräutern am einfachsten zu ziehen
- Aussaat auf feuchtem Boden (nicht mit Erde bedecken, sondern nur andrücken, da Lichtkeimer), ins Freiland ganzjährig nach den Eisheiligen mit ständigen Folgesaaten an anderen Standorten flächig (besser sind Reihen von 10 cm) säen
- sehr gut ist ein humoser Boden, in den Kompost eingearbeitet wird
- bitte ständig feucht halten (verträgt aber keine stauende Nässe)
- gedeiht auch auf feuchtem Löschpapier und in flachen, mit feuchtem Küchenkrepp ausgelegten Schalen
- Keimdauer 5 Tage
- hat am liebsten einen windgeschützten Standort mit Halbschatten
- wächst gut zusammen mit Radieschen, Rettich und grünem Salat
- Ernte der jungen Sprosse mit den Keimblättern schon nach 1 - 2 Wochen; man erntet durch Abschneiden mit einer Schere, wenn die Pflanzen ca. 6 cm hoch sind (meistens kann man zweimal ernten)
- man kann die Pflanze aber auch wachsen lassen, um die reifen Blätter zu ernten (werden schärfer, je älter die Pflanze ist)
- wächst nach der Ernte wieder nach
- auch in Töpfen, Blumenkästen und Schalen sehr gut zu ziehen (im Winter im Zimmer)
- da man sehr kleine Pflänzchen erntet, geht der Bedarf einer vierköpfigen Familie in die -zig

4. Geschmack

- frisch
- pikant bis scharf
- auch bis bissig-pfeffrig
- erinnert an frische Radieschen und Rettich
- wird mit zunehmender Größe immer bitterer

5. Verwendung in der Küche

**Gartenkresse wirkt appetitanregend und verdauungsfördernd.
Nur roh und erst kurz vor dem Auftragen (ohne erhitzen) hinzutun !**

5.1. Bereitung von Speisen und Getränken

- für Kräuterbutter
- auf Butterbrot mit etwas Zitronensaft
- an Quark und Käsespeisen
- klein gehackte Kapuzinerkresse-Blätter an Weichkäse
- junge Pflanzen als Salatwürze, besonders für grünen Salat
- sehr gut an Bratkartoffeln
- auch an Suppen; Gemüse- und Kräutersuppen
- an Soßen wie Kräuter- und Fricassésoße
- zu den vielfältigsten Fischgerichten
- zu Krabben, Langusten und Krebsen
- zu Eierspeisen
- an Rohkostspeisen

5.2. Welche Pflanzenteile werden verwendet ?

- nach dem Ziehen in Saatschalen werden die Sämlinge gegessen
- später isst man die Blätter
- aber auch die scharfwürzigen Blüten sind sehr gut zu verwenden

6. Haltbarmachung

Gartenkresse lässt sich nur roh verwenden

7. Bedeutung

Die Gartenkresse gewinnt aufgrund ihres hohen Vitamingehaltes und weil sie sehr leicht und schnell heranzuziehen ist, zunehmend an Bedeutung.
Bei keinem Gartenfreund oder Hobbykoch sollte sie deshalb im Garten oder auf dem Balkon fehlen.

Gartenkresse *(Lepidium sativum)*

Hopfen

Humulus lupulus

rechtsdrehender Klimmer

Blüte

Hopfen –

wird als Industriepflanze für die Bierherstellung angebaut, ist aber auch ein Küchenkraut.

1. Namen

botanischer Name: **Humulus lupulus**

- Bierhopfen
- Buschhopfen
- Heidehopfen
- Hupfentopf
- Waldhopfen

2. Wichtige Charakteristiker

JÄHRIGKEIT	HÖHE	BLÜTENFARBE
mehrjährig	300 – 800 cm	die weiblichen Blüten sind grün-gelb und von Juli bis September anzutreffen (die männlichen werden entfernt)

3. Anbau

- Hopfen kommt wild in Gebüschen, Niederungen und lichten Wäldern vor, wird aber auch regional kultiviert
- Vermehrung nicht durch Samen, sondern durch Wurzelableger
- die Pflanze lässt sich leicht anbauen, sie bildet einen schönen Hintergrund oder Sichtschutz
- Anpflanzung in 1 m Abstand mit Stützen
- Hopfen benötigt einen fruchtbaren, tief bearbeiteten Boden

- junge Schösslinge im Frühjahr schneiden, Blätter können jederzeit gepflückt werden, reife Blüten werden im Herbst geerntet
- ist nicht für Balkonkästen und Töpfe geeignet
- kann im Haus gezogen werden, blüht dort aber selten
- eine Pflanze reicht je Familie

4. Geschmack

leicht bitter

5. Verwendung in der Küche

5.1. Bereitung von Speisen und Getränken

- mit Butter und Sahne als Beilage zu Hauptgerichten
- auch zu Quarkspeisen
- blanchiert mit Öl und Zitronensaft als Salat
- Zubereitung als Gemüse wie Spargel

- Zubereitung auch an Eierspeisen
- in Bierteig gebackene Hopfensprossen sind ein Genuss !
- auch in Pfannkuchen sehr schmackhaft !

5.2. Welche Pflanzenteile werden verwendet ?

- die weiblichen Blüten und
- die jungen Schösslinge (die ersten 5 cm),

auch als Sprossen bezeichnet, sind in allen Hopfenanbaugebieten ein beliebtes Gemüse

6. Haltbarmachung

Die weiblichen Blüten und die jungen Schösslinge lassen sich gut trocknen, sind aber in wenigen Monaten zu verbrauchen, weil der Geschmack unangenehm wird.

7. Bedeutung

Regional hat Hopfen, in seinen Anbaugebieten, für die Küche schon eine Bedeutung. Außerhalb dieser kleinen Anbaugebiete spielt er kaum eine Rolle.

Hopfen*(Humulus lupulus)*

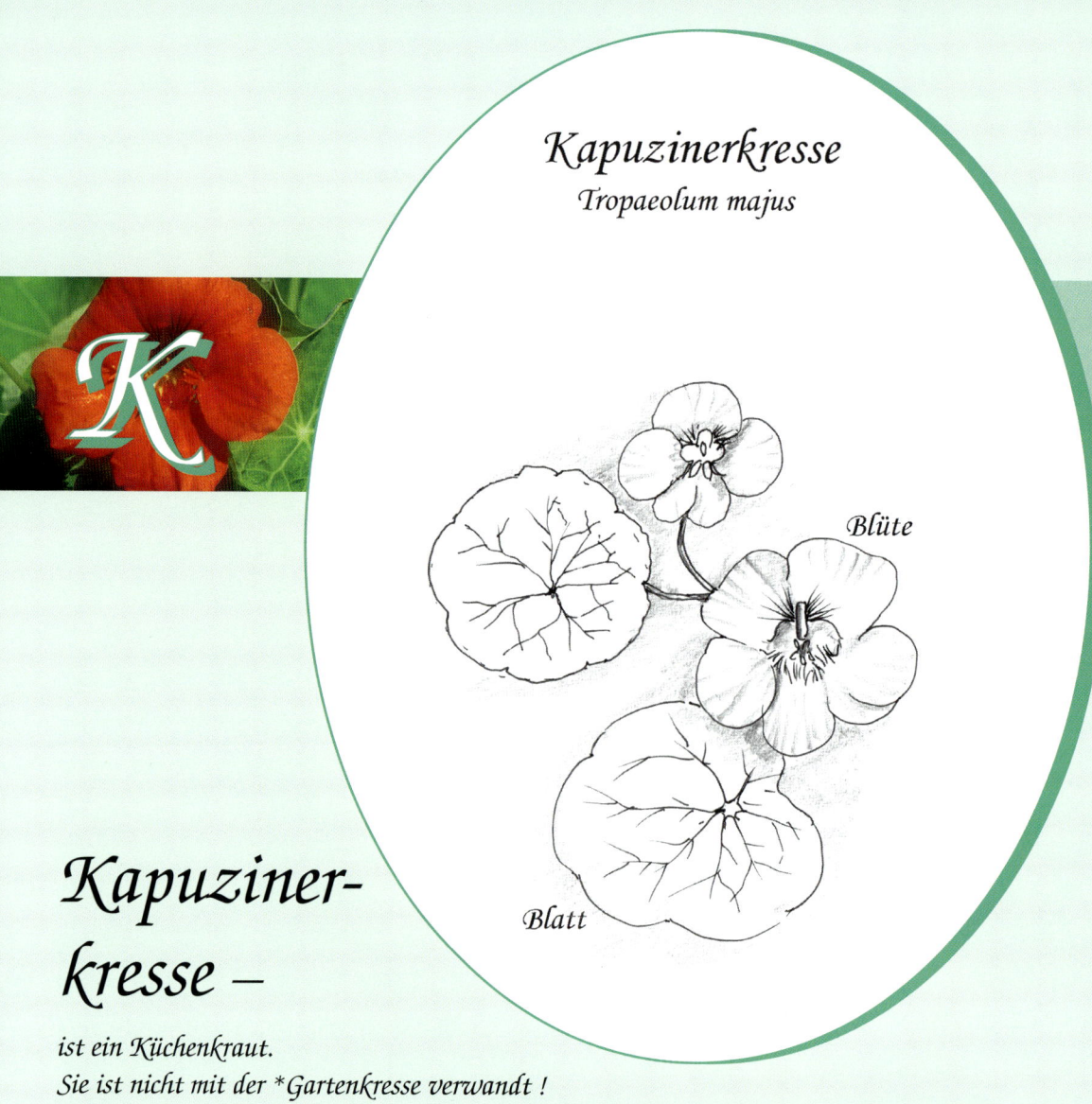

Kapuzinerkresse

Tropaeolum majus

Blüte

Blatt

Kapuziner-kresse –

ist ein Küchenkraut.
Sie ist nicht mit der *Gartenkresse verwandt !

1. Namen

botanischer Name: **Tropaeolum majus**

- Blume der Liebe
- Blumenkresse
- Blutrote Blume aus Peru
- Fremde Kapuzinerblume
- Großindische Kresse
- Kanarienvögelchen
- Kapern
- Salatblume

2. Wichtige Charakteristiker

JÄHRIGKEIT	HÖHE	BLÜTENFARBE
in Deutschland einjährig	20 – 30 cm	von Juni bis September sind die roten, gelben und orangefarbenen Blüten anzutreffen

3. Anbau

- Direktaussaat erst nach den Eisheiligen in Reihen von 20 cm Abstand
- auf 10 cm vereinzeln
- Triebe ranken bis 3 m (die Pflanze ist ein schöner Bodendecker)
- etwas humoser, leichter sandiger Boden ist besonders geeignet
- Kapuzinerkresse ist recht anspruchslos (magerer Boden fördert die Blüten- und Samenbildung)
- Stickstoffdünger fördert in erster Linie das Blattwachstum, ist aber in Maßen erforderlich
- gedeiht gut windgeschützt in voller Sonne, aber auch in lichtem Halbschatten
- muss im Sommer gut gegossen werden

- Kapuzinerkresse schützt die Nachbarpflanzen (besonders Gurken, Kartoffeln, Kohl, Kohlrabi und Stangenbohnen) vor allerlei Krankheiten
- außerdem zieht sie Schwebfliegen an, die auf Blattläuse Jagd machen
- Sie können laufend frische Blätter (bis zum ersten Frost) ernten, Blüten so bald sie erscheinen
- Kapuzinerkresse ist nicht winterhart
- sie ist sehr gut geeignet für Balkonkästen und Töpfe und deshalb seit Jahrzehnten eine Zierde derselben
- wenn unsere Musterfamilie ihre Speisen gern dekoriert, so kann sie die Blüten von 10 - 20 Pflanzen verwenden

4. Geschmack

- würzig-scharf (wirkt erfrischend)
- angenehm pfeffrig

- Blüten etwas süßer und zarter

5. Verwendung in der Küche

Diese attraktive Pflanze mit hohem Vitamingehalt sollte möglichst frisch (wenn nicht in eingelegter Form) auf den Tisch kommen !
Sie wirkt zudem noch verdauungsfördernd !

 WARNUNG: Beim Verzehr großer Mengen können Magenreizungen auftreten (am Tag nicht mehr als 30 g essen) !

5.1. Bereitung von Speisen und Getränken

- auf Butterbrot und in Quarkmischungen
- sehr schön zu Salaten und grünen Bohnen
- zu Kartoffelgerichten und Suppen
- Blüten werden sehr gern auch zur Dekoration von Bowlen und anderen Sommergetränken,

aber auch zur Teezubereitung genommen
- zur Bereitung von Essig
- sehr schön auch an Rohkostgerichten
- gut zusammen mit Äpfeln, Apfelsinen, Mandarinen und Zitronen

5.2. Welche Pflanzenteile werden verwendet ?

- junge Sprosse, Blätter, Blüten und grüne Früchte (alles am besten frisch; alte Blätter

schmecken ledrig)
- auch junge Samen (anstatt *Meerrettich)

6. Haltbarmachung

- Samen und Blütenknospen lassen sich wie Kapern (oft wird von Kapernersatz gesprochen) in stark gesalzenem Essig oder in Öl einlegen

(sind nach einem Monat fertig)
- Blätter und Blüten lassen sich auch vorsichtig trocknen

7. Bedeutung

Diese hübsche leicht zu ziehende Pflanze sollte sich kein Hobby-Gärtner entgehen lassen – auch der Hobby-Koch signalisiert schon mit ihren Farben seinen Gästen optischen Genuss !

Kapuzinerkresse *(Tropaeolum majus)*

Kerbel

Anthriscus cerefolium

Blütenstand

Fruchtstand

Laub

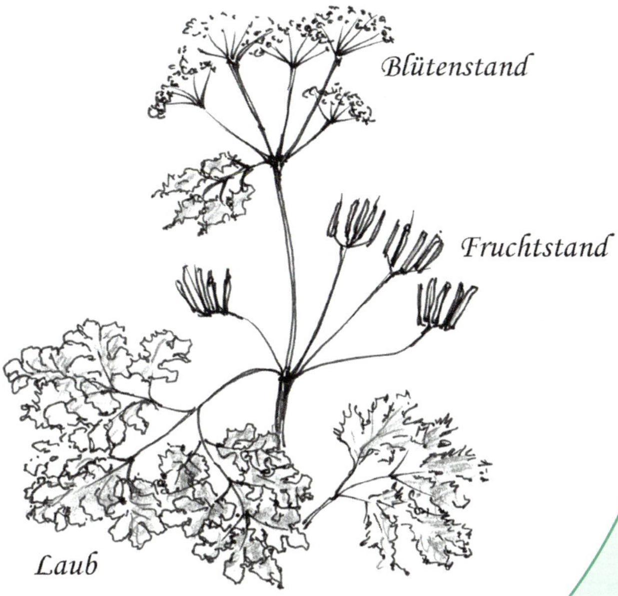

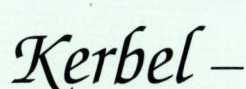

Kerbel –

*ist ein Küchenkraut.
Kerbel ist ein enger
Verwandter der Petersilie!*

---

1. Namen

botanischer Name: **Anthriscus cerefolium**

- Chörblichkraut
- Gartenkerbel
- Karweil
- Kerbelkraut

- Kerfel
- Knöfelkraut
- Körbelkraut
- Kuchelkraut

- Kufelkraut
- Küchenkraut
- Küchenwürze
- Spanischer Kerbel

- Suppenkraut

---

2. Wichtige Charakteristiker

JÄHRIGKEIT	HÖHE	BLÜTENFARBE
zweijährig	30 – 50 cm	blüht von Mai bis Juli weiß

3. Anbau

- Aussaat von März bis August (Folgesaaten) ins Freibeet in Reihen von 15 cm Abstand
- Keimdauer 14 - 21 Tage
- auf 10 cm vereinzeln
- lässt sich nicht gut verpflanzen
- gedeiht auf jedem nicht zu feuchten Boden, liebt ihn jedoch leicht, gut drainiert und humos
- braucht viel Sonne im Frühling, später am besten Halbschatten, liebt keine trockene Hitze
- bei häufigem Befall von Raupen und Schnecken diese öfter ablesen
- Kerbel hält Ameisen und Blattläuse fern und steht deshalb neben verschiedenen

- Gemüsearten wie Bohnen, Kopfsalat, Radieschen und Rettich sehr gut
- kräftig zurückschneiden, damit die Pflanzen schön buschig werden
- nicht blühen lassen, denn dann verliert sich das Aroma
- Ernte nach 6 - 8 Wochen vor der Blüte (wenn die Pflanze 10 cm hoch ist)
- im Winter durch Folie oder Glas schützen
- Kerbel ist für den Topf und Balkonkasten gut geeignet; kann wie *Gartenkresse das ganze Jahr über auf der Fensterbank gezogen werden
- der Familienbedarf liegt bei 4 - 9 Pflanzen

4. Geschmack

- stark aromatisches Kraut
- würzig-süß
- ähnelt der *Petersilie, ist aber delikater

- schmeckt etwas nach *Anis (ist aber milder) und etwas nach *Kümmel

5. Verwendung in der Küche

Kerbel ist einer der Bestandteile von *„Fines herbes".
Kerbelblätter passen zu fast allen Gerichten (außer solchen, die mit *Oregano, *Rosmarin oder *Thymian gewürzt werden).
Erst kurz vor dem Servieren hinzutun (außer Stängeln, die in Suppen und Eintöpfen mitgekocht und wieder entnommen werden) !

Wenn in Deutschland, Frankreich und den Niederlanden Kerbel auf den Märkten zu haben ist und die ersten Kerbelsuppen gekocht werden, beginnt der Frühling !

5.1. Bereitung von Speisen und Getränken

- als Kerbelbutter auf Butterbrot
- an Kräuterbutter zusammen mit *Sellerieblättern (so auch zu Käse)
- an frische Sahne
- mit *Schnittlauch zusammen an Quark
- köstlich zu grünen Salaten
- über Kartoffeln und an Kartoffelsuppe
- einzeln an Tomaten, aber auch mit *Petersilie und *Estragon an Tomatensalat
- auch über Erbsen streuen
- zu Suppen, besonders Gemüsesuppen
- gehackt mit Kalbsbrühe, Sahne und Ei als Kerbelsuppe

- für viele Soßen, u.a. für die grüne Kräutersoße, die Béchamel-Soße und Fischsoße
- auch für Buttersoße (zu Gemüse)
- an Braten, Kalb- und Lammfleisch
- zu Geflügel- und speziell zu Hühnergerichten
- auch zu Fisch, insbesondere Weißfisch
- zu Eierspeisen, hartgekochten Eiern, Rührei und salzigen Omelettes
- spielt in der französischen Küche eine große Rolle
- zur Herstellung eines feinen Essigs
- für Diätspeisen, Rohkostsalate und vegetarische Gerichte

5.2. Welche Pflanzenteile werden verwendet ?

- Blätter (sobald die Pflanze 10 cm groß ist) vor der Blüte (alte Blätter haben kein frisches Aroma mehr)
- aus dem jungen Grün kann man auch Saft auspressen und zum Würzen verwenden
- Blüten zum Garnieren

6. Haltbarmachung

- in sehr dicht schließenden Gefäßen behält er getrocknet wenigstens etwas Aroma
- es ist besser die Blätter und junge Triebe tief zu gefrieren

7. Bedeutung

Für jeden Hobby-Koch, der Interesse an der französischen Küche hat, ist Kerbel ein MUSS ! Kerbel ist in deutschen Gärten noch nicht sehr häufig anzutreffen, erhält jedoch zunehmende Bedeutung.

Kerbel *(Anthriscus cerefolium)*

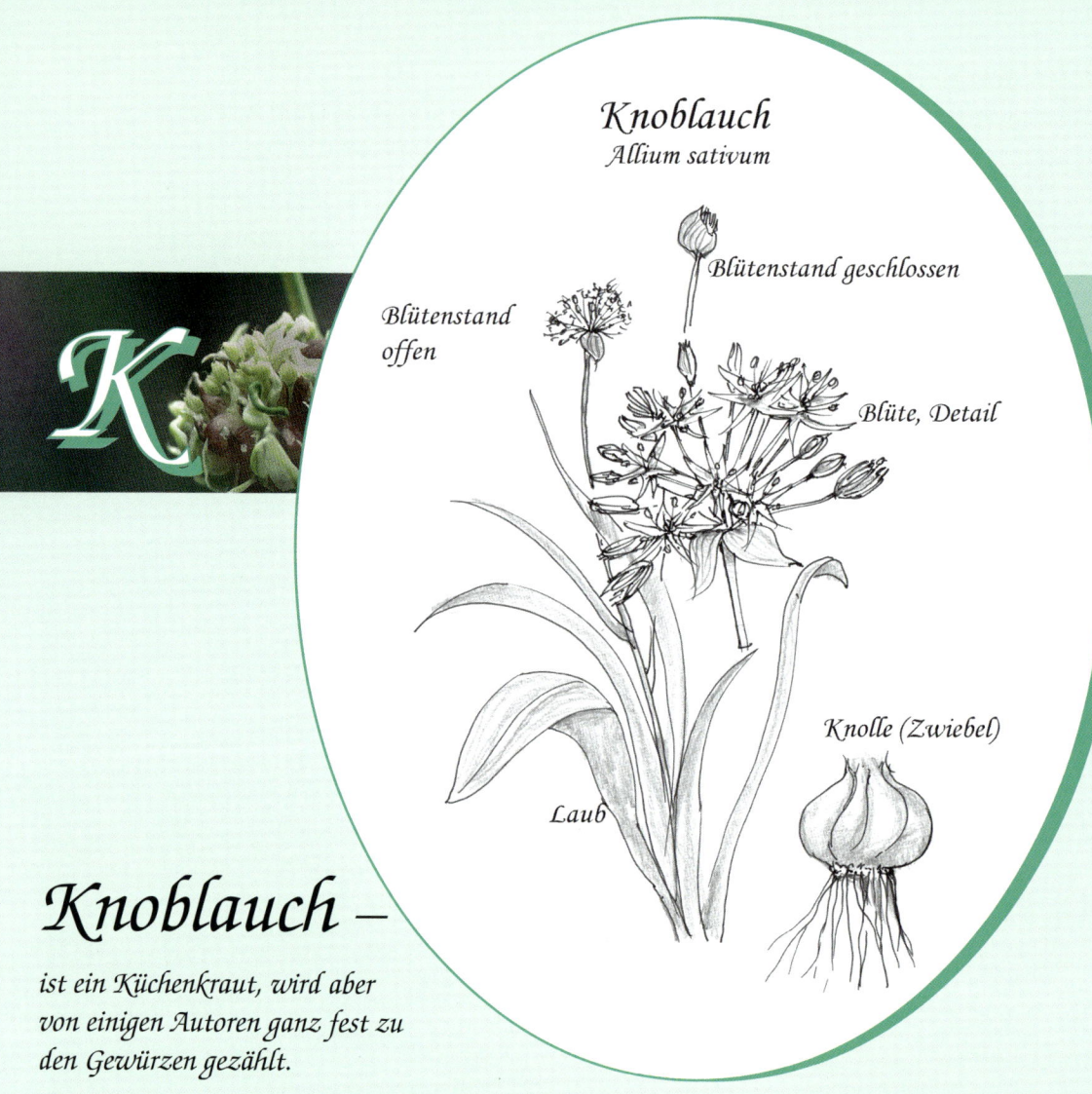

Knoblauch
Allium sativum

Blütenstand geschlossen

Blütenstand offen

Blüte, Detail

Knolle (Zwiebel)

Laub

Knoblauch –

ist ein Küchenkraut, wird aber von einigen Autoren ganz fest zu den Gewürzen gezählt.

1. Namen

botanischer Name: **Allium sativum**

- Alterswurzel	- Knoblich	- Look	- Stinkende Rose
- Gruserich	- Knofel	- Magenwurzel	- Stinkerzwiebel
- Knobel	- Knoflak	- Lauchkraut	- Windwurzel
- Knobi	- Knubl	- Neidstern	

2. Wichtige Charakteristiker

JÄHRIGKEIT	HÖHE	BLÜTENFARBE
Knoblauch ist mehrjährig wird aber fast nur einjährig kultiviert	60 – 100 cm	blüht von Juni bis September rötlich bis weiß (in kalten Gegenden kommt er jedoch nicht zur Blüte)

3. Anbau

- im Reihenabstand von 15 cm werden einzelne Zehen im März/April wie Zwiebeln alle 10 cm und 5 cm tief in den Boden gesteckt (Knoblauch wird nicht ausgesät)
- sehr gut geeignet für den Anbau ist ein nährstoffreicher, leichter Humusboden; mit Kompost kann man, wie generell im Kräutergarten, keinen Fehler machen; bitte keine Stickstoffdüngung vornehmen, da sich dann die Knollen schlecht lagern lassen
- liebt viel Sonne und warme geschützte Standorte
- möchte feuchte Erde (aber keine stauende Nässe) haben
- sehr gut geeignet für Mischkultur mit vielen Gemüsesorten (z.B. Erdbeeren und Rote Beete)
- im Kräuterbeet wird er gut mit *Kerbel und *Ysop zusammen angebaut
- Knoblauchgrün kann ständig entnommen werden
- Ernte der Knollen im Juli-August (nach dem Absterben des Laubes), danach 3 - 4 Tage schattig trocknen
- ist winterhart
- für Topfbepflanzung geeignet
- gerade bei Knoblauch gehen die Ansichten weit auseinander; während eine Partei darauf schwört, lehnt die andere ihn voll ab; unsere Beispielfamilie verwendet ihn mittelhäufig und benötigt deshalb über das Jahr hinweg 10 - 20 Pflanzen

4. Geschmack

- das Knoblaucharoma variiert je nach Klima und Boden stark
- in der Regel hat er einen aufdringlichen, brennenden Geschmack
- kleine Sorten sind meist beißend scharf
- manche größeren Sorten sind mild, leicht süßlich und nussig

5. Verwendung in der Küche

Es gibt kein salziges Gericht, zu dem Knoblauch nicht passt ! Knoblauch verbessert und verfeinert den Geschmack so vieler Gerichte, dass er auch für die feine Küche nahezu unentbehrlich geworden ist !
Er entfaltet erst sein volles Aroma, wenn man ihn mit einem Messer klein hackt oder ihn durch eine Knoblauchpresse drückt. Gekocht oder in Öl angebraten verliert er an Schärfe. Man kann ihn auch mit gutem Erfolg blanchieren, dünsten und pürieren.
Er passt zu den meisten Küchenkräutern und Gewürzen.
Stets nur in kleinsten Mengen verwenden !

5.1. Bereitung von Speisen und Getränken

- frisch aufs Butterbrot und an Joghurtspeisen
- für Knoblauchbutter und Quarkgerichte
- zu Käsefondue
- zu allen Salaten (es reicht schon, die Schüssel mit einer Zehe auszureiben)
- zu verschiedenen Kartoffelgerichten (z.B. im ganzen gebratener Knoblauch als Beilage zu neuen Kartoffeln)
- an Gemüse, zusammen mit *Kümmel an Hülsenfrüchte
- gern auch in Suppen (z.B. Fischsuppe, Kartoffelsuppe), Eintöpfe
- an Bratensoße (wieder herausnehmen, wenn sie fertig ist), aber auch speziell an Fischsoßen
- zu allen fetten Fleischgerichten, besonders aber zu Schaschlik und Gulasch, Schweinebraten, Lamm, Hammel, Kalb und Wild, auch zu Geflügel
- sehr gut für Dauerwurst
- zu Fisch und Fischsalaten sowie zu Schalentieren
- an Gemüsesäfte
- ist aus der ungarischen, griechischen,

italienischen und spanischen, aber auch der südostasiatischen, indischen und nordamerikanischen Küche nicht wegzudenken
- auch zu Pilzgerichten

- zum Einlegen von Gurken
- auch für Rohkost
- an Aufläufe

5.2. Welche Pflanzenteile werden verwendet ?

- hauptsächlich wird die Zehe verwendet
- die Zehen werden auch ausgepresst, um nur den Saft zu verwenden

- in geringerem Maße wird Knoblauchgrün wie *Schnittlauch benutzt

6. Haltbarmachung

- Zehen in Essig, Öl, Alkohol oder Salz
- recht gut verwendbar sind Frischpflanzensaft und Knoblauchpaste
- im Handel sind auch gefriergetrocknete

Knoblauchflocken, Knoblauchgranulat und Pulver, aber alle diese Produkte sind nur ein Abklatsch von frischem Knoblauch

7. Bedeutung

Die „Stinkende Rose" hat als Würzkraut einen sagenhaften Ruf – kein Hobby-Gärtner und kein Hobby-Koch kann darauf verzichten !

Knoblauch *(Allium sativum)*

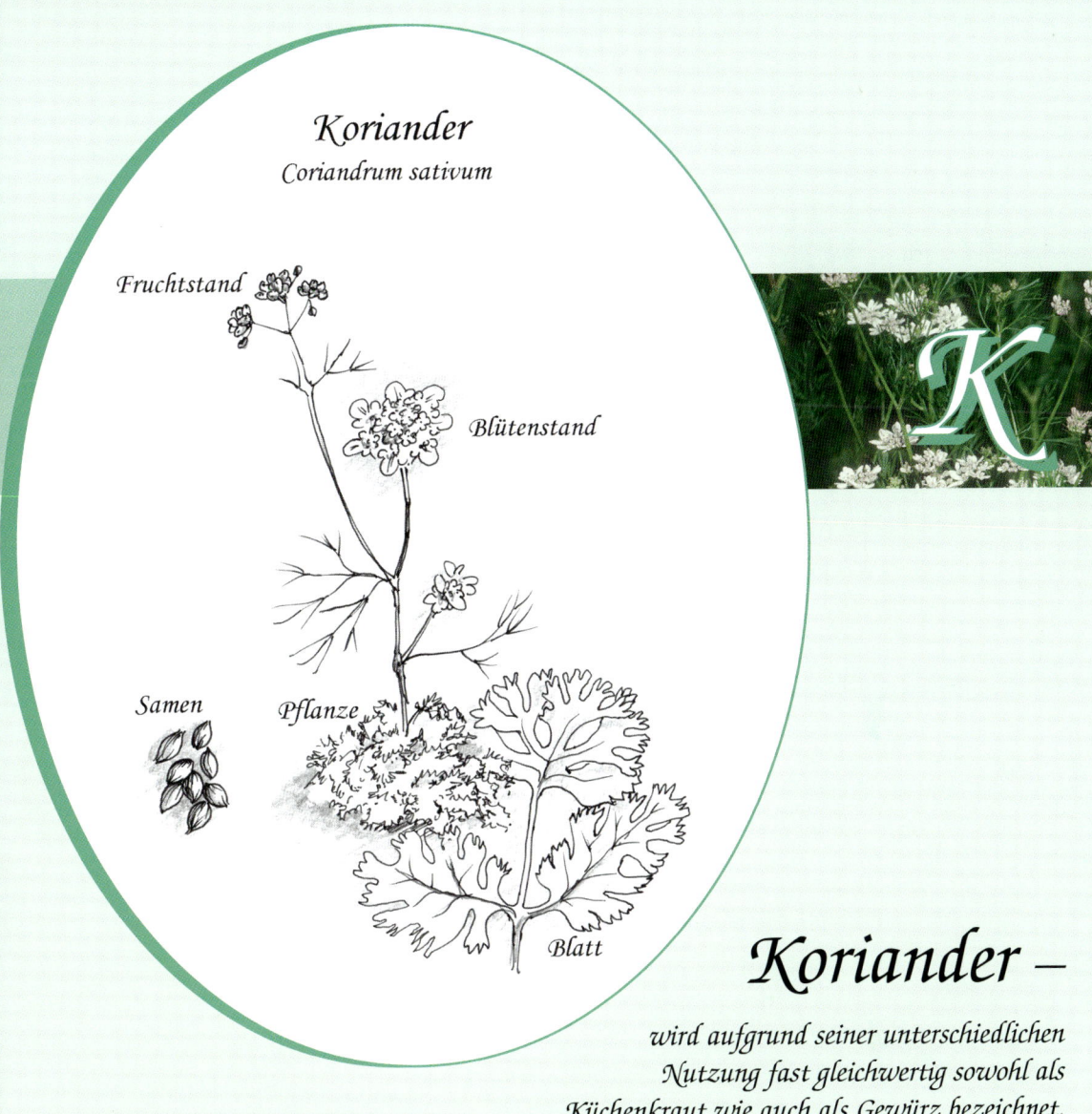

Koriander
Coriandrum sativum

Fruchtstand

Blütenstand

Samen

Pflanze

Blatt

Koriander –

wird aufgrund seiner unterschiedlichen Nutzung fast gleichwertig sowohl als Küchenkraut wie auch als Gewürz bezeichnet.

1. Namen

botanischer Name: **Coriandrum sativum**

- Arabische Petersilie
- Blattkoriander
- Chinesische Petersilie

- Hochzeitskügelchen
- Kaliander
- Koliander

- Korianderkraut
- Krapfenkörner
- Schwindelkorn

- Schwindelkraut
- Wanzendill
- Wanzenkraut

2. Wichtige Charakteristiker

JÄHRIGKEIT	HÖHE	BLÜTENFARBE
einjährig	60 – 70 cm	blüht von Juli bis September weiß oder schwach rosa bis violett

3. Anbau

- Aussaat direkt ab April 1 - 2 cm tief (für die Blattnutzung sind Folgesaaten notwendig)
- Keimdauer 14 - 21 Tage
- wenn man Blätter ernten möchte, dann auf nur 5 x 5 cm vereinzeln; wenn man auf Samen aus ist, sollte der Abstand 25 x 25 cm betragen
- lässt sich auch gut durch Wurzelteilung vermehren
- Koriander sollte wegen seines zarten Wuchses in Gruppen gepflanzt werden, um fülliger zu wirken
- braucht leichten, lockeren und nährstoffreichen, leicht kalkhaltigen Boden
- liebt die Sonne und warme, windgeschützte Lagen (für rauhes Klima nicht geeignet); wenn man Koriander nur wegen der Blätter anbaut, sollte man Halbschatten wählen
- der Boden sollte gut wasserdurchlässig sein, aber man muss im Sommer reichlich gießen (nicht auf die Blüten)
- nicht mit *Fenchel zusammen anbauen, dagegen keimt und wächst *Anis in seiner Nähe besser
- junge Triebe und Blätter können jederzeit entnommen werden (auch zum Trocknen)
- ab August an bedeckten Tagen die Fruchtstände ernten, um die noch nicht voll reifen Samen zu gewinnen
- ist nur mäßig winterhart
- nicht für die Haltung im Haus geeignet (frisches Kraut riecht unangenehm: „Wanzenkraut")
- eine Familie benötigt 2 - 3 Korianderpflanzen

4. Geschmack

Blätter und Samen haben ein unterschiedliches Aroma.

Die Samen schmecken
- süß-aromatisch (erinnert an Orangenschale)
- zuweilen auch süß-pfeffrig bis schwach brennend
- frisch (etwas frischer als *Kümmel).

Die Blätter haben
- ein erdiges bis
- beißendes Aroma.

5. Verwendung in der Küche

Koriander ist sowohl frisch als Küchen-Kraut (junge Triebspitzen), aber auch als Gewürz (ganze und gemahlene Samen) zu verwenden. Er fördert die Verdauung !
Die Blätter des Korianders werden in der internationalen Küche als „Cilantro" bezeichnet.
Cilantro gehört zu den Küchen-Kräutern, die weltweit am meisten verwendet werden.
Er sollte nur frisch verwendet werden !

5.1. Bereitung von Speisen und Getränken

- wird gern zusammen mit *Knoblauch zum Würzen genommen
- junge Triebspitzen an Salate
- ganze Körner an Gemüse, besonders an Bohnen, Erbsen, Linsen sowie an Weiß- und Wirsingkohlgerichte und Sauerkraut sowie Rote Beete und Möhren
- Koriandergrün passt besonders gut zu grünen Peperoni
- eine köstliche Kombination sind Koriander (in Blattform) und Tomaten
- passt sehr gut zu Suppen (Eintopf, Wildsuppe)
- als Soßenwürze
- an Schweinebraten, Lamm- und Kalbfleisch, Gulasch und Pasteten
- auch zur Wurstherstellung (zusammen mit *Anis, *Fenchel und *Kümmel)
- zu Fisch
- wird zur Herstellung von Wermut und bitteren Kräuterlikören verwendet
- ist typisch für die asiatische Küche (besonders für Malaysia, Indien, Indonesien, Japan und China)

- wird aber auch in Nordeuropa, Russland, Ungarn, Amerika sowie der arabischen Küche viel verwendet
- auch an Füllungen
- auch zum Herstellen von Marinaden/Vinaigrettes und zur Verfeinerung von Essig
- dient auch zum Einlegen von Gurken und Roter Beete

- auch zur Marmeladenherstellung und an Apfelmus
- für Diät und Rohkost
- auch für Brot, Lebkuchen und anderes Weihnachtsgebäck wie Printen und Spekulatius
- mit 1 - 2 zerstoßenen Korianderkörnern lässt sich der Geschmack von Kaffee verbessern

5.2. Welche Pflanzenteile werden verwendet ?

- hauptsächlich Samen (gemahlener Koriander ist ein Grundbestandteil von Currymischungen und Chutneys)

- Blätter und junge Triebspitzen
- seltener werden auch die Wurzeln verwendet (zum Kochen von Brühe)

6. Haltbarmachung

- Blätter tiefgefrieren oder in Salz und Öl einlegen (vertragen wie *Petersilie keine Hitze und Trocknung)

- Samen trocknen und in geschlossenen Gläsern aufbewahren (gemahlen verliert er schnell seine Würzkraft)

7. Bedeutung

Koriander ist vermutlich das am meisten gebrauchte Küchenkraut auf der Welt. In Deutschland besitzt er für Curryliebhaber Bedeutung, trotzdem findet er sich nur in wenigen Kräuter-Gärten. Er sollte aber bei keinem Hobby-Koch in der Küche fehlen.

Koriander *(Coriandrum sativum)*

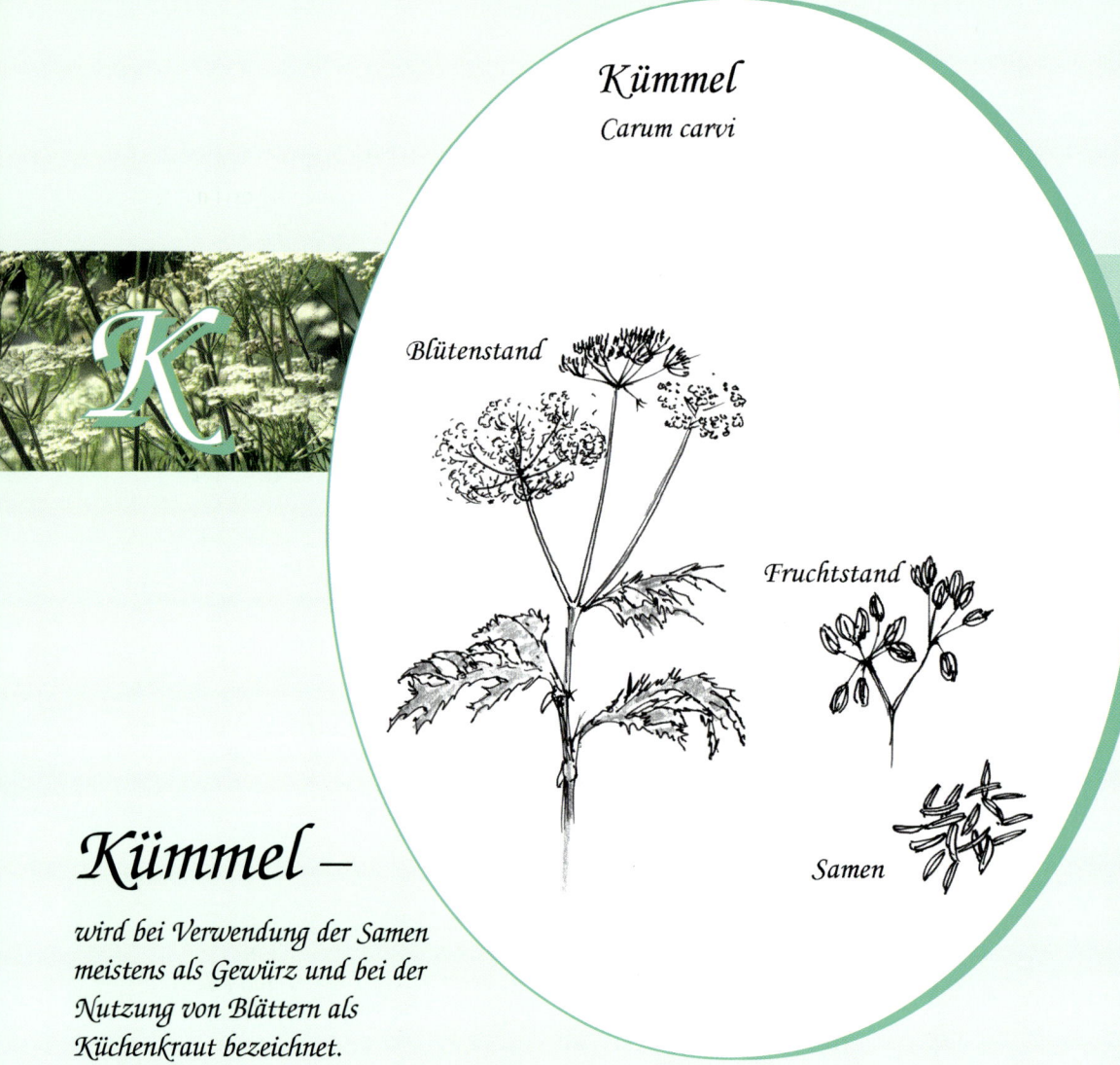

Kümmel

Carum carvi

Blütenstand

Fruchtstand

Samen

Kümmel –

wird bei Verwendung der Samen meistens als Gewürz und bei der Nutzung von Blättern als Küchenkraut bezeichnet.

1. Namen

botanischer Name: **Carum carvi**

- Brotkümmel
- Carven
- Echter Kümmel
- Feldkümmel

- Fischkümmel
- Garbe
- Gemeiner Kümmel
- Kämen

- Karbe
- Körn
- Kümmich
- Kumach

- Mattenkümmel
- Speisekümmel
- Wiesenkümmel

2. Wichtige Charakteristiker

JÄHRIGKEIT	HÖHE	BLÜTENFARBE
in der Regel zweijährig kann auch einjährig kultiviert werden es gibt auch mehrjährige Sorten	im ersten Jahr etwa 20 cm im zweiten Jahr 60 – 100 cm	blüht von Mai bis Juli weiß bis cremeweiß

3. Anbau

- Kümmel gibt es auch wild auf Wiesen und an Wegrändern, wird aber in Deutschland kaum gesammelt
- Aussaat im März-April oder im Spätsommer flach ins Freiland (Lichtkeimer)
- keimt in 14 - 21 Tagen (für die Blattnutzung Folgesaaten vornehmen !)
- Reihenabstand: 20 cm; ausdünnen auf 15 cm (möglichst nicht umpflanzen)
- liebt nährstoffreichen, kalkhaltigen, sandigen Boden
- er möchte einen sonnigen bis halbschattigen geschützten Standort haben
- der Boden sollte ständig feucht (aber nicht nass) gehalten werden
- die Blüten ziehen Schlupfwespen an, welche Insekten bekämpfen
- verträgt sich beim Anbau schlecht mit *Fenchel, sehr gut jedoch mit *Estragon, *Petersilie und *Pimpinelle
- Blätter und Blüten können schon im ersten Jahr laufend geerntet werden
- Ernte der Samen im zweiten Jahr bevor die Blätter vergilben und die Früchte ganz reif sind (auf Papier trocknen), abschneiden der Mitteldolden in den feuchten Morgenstunden (damit die Samen nicht ausfallen)
- Winterschutz ist nur in strengen Wintern notwendig
- Kümmel ist nur bedingt für den Anbau in Balkonkästen und Töpfen geeignet
- eine vierköpfige Familie kommt in der Regel mit 2 - 3 Pflanzen aus

4. Geschmack

- Samen haben einen kräftig-würzigen bis süßlich-scharfen, von angenehm brennend bis beißenden Geschmack
- junge Blätter dagegen besitzen ein mildes Aroma (liegt etwa zwischen *Dill und *Petersilie)

5. Verwendung in der Küche

**Kümmel ist ein vielseitiges, die Verdauung förderndes Küchenkraut bzw. Gewürz.
Er ist ein typisch deutsches Gewürz. Deutschland und Österreich sind die größten
Kümmelverbraucher der Welt. In Deutschland dominiert die Verwendung der getrockneten
Samen. Sie werden häufig kurz vor dem Gebrauch gehackt oder zu Pulver gemahlen.**

5.1. Bereitung von Speisen und Getränken

- Blätter an Kräuterbutter
- Blätter sind auch sehr pikant zu Quark, Joghurt und Käse
- Blätter und Blüten an Salate, wie z.B. Selleriesalat
- sehr gut zu neuen Kartoffeln, Brat- und Blechkartoffeln (auf Öl und Kümmel ausbacken !)
- vielfältig an Gemüse, besonders an: Tomaten, Möhren, Kohl, Blumenkohl, Bayrisch Kraut, Sauerkraut und Rote Rüben; zusammen mit *Knoblauch an Hülsenfrüchten
- die Wurzeln können als Gemüse wie Möhren gekocht und mit einer Petersiliensoße serviert werden
- zu Suppen (speziell Eintöpfe) und Soßen
- frische Blätter sind für die Kümmelsuppe erforderlich
- zu fetten Fleischgerichten, wie Gänsebraten, Schweinefleisch, Hammel, aber auch zu Ragout, Gulasch und Leber
- wird auch zur Wurstherstellung benötigt
- zu Kochfisch
- wird zur Herstellung von Aquavit, Kümmelschnaps und Magenlikören, aber auch des berühmten Danziger Goldwassers benutzt
- Kümmel ist typisch für die europäische, chinesische und malaiische Küche
- an Pilzgerichte und -suppen

- zu Fischboullion
- auch zur Herstellung von Kräuteressig
- frische Blätter zu Rohkostplatten
- Bratäpfel werden mit Kümmel serviert

- auch an würziges Brot (speziell Pumpernickel) und Brötchen, Kekse und andere spezielle Backwaren
- an Aufläufe

5.2. Welche Pflanzenteile werden verwendet ?

- Blätter können ständig geerntet werden (frisch verwenden)
- Samen erst im Juni/Juli des zweiten Jahres

(gemahlen ist die Würzkraft höher)
- Wurzeln auch erst im zweiten Jahr (frisch verwenden)

6. Haltbarmachung

- erst völlig getrocknete Samen in geschlossenen, lichtgeschützten Gefäßen aufbewahren

- Blätter sind nicht zum Trocknen geeignet

7. Bedeutung

Das älteste europäische Gewürz darf in keiner Küche fehlen !
Vielfach wird Kümmel jedoch nicht selbst angebaut, sondern im Laden gekauft.

Kümmel *(Carum carvi)*

Lavendel

Lavandula angustifolia

Blütenstand

Wuchshabitus der Pflanze

getrocknete Blüten

Lavendel –

ist ein Küchenkraut.

1. Namen

botanischer Name: **_Lavandula angustifolia_**

- Balsam	- Großer Speik	- Narden	- Spiket
- Echter Speik	- Hirnkraut	- Nervenkräutlein	- Spiklavendel
- Fander	- Lavander	- Schwindelkraut	- Spitzmarde
- Flander	- Lavangel	- Spikanard	- Zitterbleaml
- Flanderli	- Lavengel	- Spikatblüte	- Zöpliblüten

2. Wichtige Charakteristiker

JÄHRIGKEIT	HÖHE	BLÜTENFARBE
mehrjährig	50 – 90 cm	blüht von Juli bis August blau und purpurrot bis violett; variiert aber auch bis zu weiß

3. Anbau

- Anzucht aus Samen ist problematisch
- am besten aus 10 - 20 cm langen Stecklingen oder durch Wurzelteilung ziehen
- Abstand der Pflanzen mindestens 30 cm voneinander
- bevorzugt schwach sauren bis stark kalk- haltigen, gedeiht aber in jedem Boden
- liebt jedoch keine schweren Böden, weshalb eine Beimengung von 1/3 Sand günstig ist
- benötigt nur geringen bis mittleren Humusgehalt; am besten auch zweimal im Jahr mit Depotdünger düngen
- braucht viel Sonne
- der Boden sollte mitteltrocken sein

- im Frühjahr zurückschneiden, damit die Pflanze dicht und kräftig wird
- im Winter abdecken, da nur mäßig winterhart
- Pflanzen alle 3 - 4 Jahre ersetzen
- Blätter können jederzeit geerntet werden
- ernten der blühenden Spitzen sobald sich die ersten Blüten öffnen
- Lavendel lässt sich nicht gut im Balkonkasten ziehen, erfolgreicher ist da der Anbau in einem großen Kübel
- eine vierköpfige Familie kommt mit 2 - 3 Pflanzen aus

4. Geschmack

- süßlich-herb bis herb-bitter (erinnert an *Rosmarin)

5. Verwendung in der Küche

Sparsam verwenden !

5.1. Bereitung von Speisen und Getränken

- zu Eintöpfen
- würzt Soßen sehr pikant (z.B. Fisch- und Kräutersoße)
- zu Hammelfleisch und Wild
- auch gut zu Gegrilltem
- an Fischgerichte und Fischsuppen
- für Tee
- bedeutsam für die französische Küche

- für Marinaden/Vinaigrettes
- für Lavendelessig
- zum Aromatisieren von Wein
- frische Blüten zur Verfeinerung von Eiscreme
- zum Würzen von Konfitüre
- Blüten werden zum Garnieren von Torten und Süßspeisen kandiert

5.2. Welche Pflanzenteile werden verwendet ?

- nur junge Blattspitzen sparsam dosiert verwenden

- Blütenblätter

6. Haltbarmachung

- in kleinen Bündeln trocknen (abfallende Blüten auffangen)

- blühende Stängel auch auf einem Brett trocknen

7. Bedeutung

Interessierte Hobbyköche und Kräuterfans haben Lavendel in ihrem Garten.
Der Hobby-Gärtner wird ihn ohnehin wegen seines frisch-würzigen Duftes und seiner hübschen Erscheinung für Einfassungen und andere Gestaltungselemente nutzen.

Lavendel *(Lavandula angustifolia)*

Liebstöckl
Levisticum officinale

Blütenstand

Blatt

Samen

Liebstöckel –

ist ein Küchenkraut.

botanischer Name: **Levisticum officinale**

- Badekraut
- Bergliebstöckel
- Gebärmutterwurzel
- Gichtstock
- Heiserrehrlich
- Labstockkraut
- Laubstecken

- Leppsteckel
- Lewerstock
- Liberstockkraut
- Lieberöhre
- Lieberstöckel
- Liesterwurz
- Lobstichel

- Lobstock
- Lubesteckel
- Luststecken
- Lübbesticke
- Maggikraut
- Neunstöckel
- Sauerkraut-Kraut

- Saukraut
- Schluckwehrohr
- Suppenlaub
- Suuppenlob

2. Wichtige Charakteristiker

JÄHRIGKEIT	HÖHE	BLÜTENFARBE
mehrjährig	60 – 200 cm	blüht von Juni bis August grünlichgelb

3. Anbau

- Aussaat ab März ins Frühbeet
- Keimdauer 14 - 21 Tage
- auf 50 x 50 cm auspflanzen
- einfacher ist die Teilung alter Wurzelstöcke (es muss ein eigener Trieb bzw. eine eigene Knospe da sein)
- benötigt einen tiefgründigen, humosen, gut gedüngten Boden
- wächst gut in der Sonne und im Halbschatten
- möchte immer feucht gehalten werden
- Blütentriebe entfernen, da sie unnötig Aroma aus dem Laub ziehen
- am besten eine eigene Ecke im Garten geben, da Liebstöckel sich stark ausbreitet

- das üppige Laub mit den hohen Stängeln friert im Winter ab und die Pflanze treibt im Frühjahr wieder aus
- Pflanze ist winterfest (trotzdem sollte man anhäufeln) und bleibt jahrzehntelang erhalten
- Blätter kann man jederzeit ernten (aber stets die Herzblätter stehen lassen)
- die Samen sollen reif geerntet werden
- Wurzeln erst ab dem zweiten Jahr, bevor die Pflanze blüht, ernten
- im Topf und im Blumenkasten kann man nur einjährige Pflanzen halten (später wird der Topf zu klein)
- eine Pflanze reicht für die ganze Familie

4. Geschmack

- kräftig-würzig
- sellerieähnlicher Geschmack (jedoch herber)
- schmeckt nach dem Suppengewürz Maggi
- auch als Mischgeschmack von *Anis, Hefe, Moschus, *Sellerie und Zitrone beschrieben
- der Geschmack ist durchdringend und unverwechselbar

5. Verwendung in der Küche

Liebstöckel wird mitgekocht, sollte aber sparsam verwendet werden. Er ist ein guter Salz-Ersatz bei Diäten und Schonkost.

 WARNUNG: In der Schwangerschaft sollte auf den Verzehr von Liebstöckel verzichtet werden !

5.1. Bereitung von Speisen und Getränken

- an Kräuterbutter
- zu Käse
- zu Salat, besonders zu grünem Salat, Tomaten- und Paprikasalat
- Kartoffeln mit Liebstöckel gekocht oder in Folie gegart
- Samen auf Kartoffelbrei streuen
- als Gemüse (junge Blätter und Stiele), am besten mit Holländischer Soße
- zum Würzen von Gemüsegerichten

- bestens geeignet für kräftige Suppen (Liebstöckelsuppe, Gemüsesuppe, rustikaler Eintopf)
- an alle Soßen (besonders Bèchamelsoße und dunkle Bratensoßen)
- zu Geflügel, Hammel, Rind- und anderem Fleisch sowie Hackfleisch
- zu Fischgerichten
- an Eierspeisen (Omelettes)
- zu würzigem Tee

- für Fleischfüllungen und Pasteten
- zu vielen Fisch-, Fleisch- und Gemüsebrühen
- an Kräutermarinaden und ganz besonders
  zur Bereitung von Dipps

- für Schonkost und Diät
- an Rohkostsalate
- gemahlene Samen für Brot und Gebäck

5.2. Welche Pflanzenteile werden verwendet ?

- alle Pflanzenteile werden verwendet
- Wurzeln als Gemüse
- Blätter und Stängel blanchieren und mit
  weißer Soße servieren
- roh zu Salat
- Stängel kandieren wie *Angelika

- Samen (sehr geschmacksintensiv) auf
  Butter- und Käsebrot streuen
- Samen werden zur Likörherstellung benutzt
- Samen zerdrücken und an Reis und
  Kartoffelbrei sowie in Brot und Kuchen geben

6. Haltbarmachung

- Blätter am besten tiefgefrieren
- beim Trocknen verlieren sie viel Geschmack

- Samen und Wurzeln trocknen und in gut
  verschlossenem Behälter aufbewahren
- einsalzen

7. Bedeutung

Jeder der kocht und einen Garten hat, sollte Liebstöckel anbauen.

Liebstöckel *(Levisticum officinale)*

Lorbeer
Laurus nobilis

Triebspitze

Blütenstand

Samen (Lorbeeren)

Blatt

Lorbeer –

ist ein Küchenkraut.

1. Namen

botanischer Name: **Laurus nobilis**

- Lorbeerbeeren   - Lorbaum   - Suppenblatt
- Lorbeerblatt

2. Wichtige Charakteristiker

JÄHRIGKEIT	HÖHE	BLÜTENFARBE
mehrjährig	bis 2.000 cm (20 m ! im mediterranen Klima) in Deutschland 100 – 200 cm	blüht von April bis Mai zartgelb bis cremefarben oder weiß

3. Anbau

- das Bäumchen wird Ende März oder im späten September gepflanzt
- Vermehrung durch 10 cm lange Stecklinge oder Ableger
- möchte ein Erdgemisch aus guter Gartenerde mit reichlich Humus und viel Dünger, sowie 1/3 Sand haben
- sollte hin und wieder gedüngt werden
- gedeiht in der Sonne (besser), aber auch im Schatten
- sollte windgeschützt stehen
- benötigt regelmäßig Wasser (feucht halten), mag aber keine Staunässe
- sollte im Herbst zurückgeschnitten werden (Formschnitt), damit er im Frühjahr reich verzweigt und buschig wird (es darf aber nur 1/3 der Triebe zurückgeschnitten werden)
- übersteht den Winter im Freiland meistens nicht (kann aber in einem trockenen, hellen und kühlen Keller gut überwintern); bei ausgewachsenen Pflanzen sind die Wurzeln winterfest, aber die Blätter sterben im kalten Wind ab
- die Blätter (am besten junge) können jederzeit geerntet werden (für das Trocknen im Herbst schneiden)
- Lorbeerbäume werden 50 Jahre und älter
- sehr gut geeignet für Kübel, große Töpfe und Balkonkästen (kann jahrelang darin bleiben)
- eine Pflanze reicht für eine Familie

4. Geschmack

- balsamisch-würzig (erinnert an Muskat und Kampfer)
- frische Säure
- leicht bitter (lässt bei Aufbewahrung nach)

5. Verwendung in der Küche

Lorbeer ist sowohl frisch als auch getrocknet (vorsichtig) zu verwenden.
Er ist ein fester Bestandteil des *Bouquet garni.
Blätter lange mitkochen und vor dem Servieren entfernen !

Würzregel: 1/2 Lorbeerblatt, 2 Pimentkörner und 4 Pfefferkörner
            für 1 kg Fleisch oder 1/2 l Fleischbrühe

5.1. Bereitung von Speisen und Getränken

passt fast zu allem:
- zu Gemüse
- an Sauerkraut
- zu Oliven
- zu Suppen (Kartoffelsuppe, Eintopf)
- zu Soßen (macht Mehlsoßen pikanter)
- an Fleischgerichte, besonders an Fleischsülze, Braten, Ragout, Gulasch sowie Rinderbraten und Wild
- zu gedünstetem Fisch
- in Füllungen
- zu Boullion
- zu Marinaden
- zur Herstellung von Kräuteressig
- Einlegen von Gurken und Essiggemüse
- auch in Milch mitkochen für würzige Cremes oder Pudding
- stets ein Lorbeerblatt im Fischsud mitkochen

5.2. Welche Pflanzenteile werden verwendet ?

Blätter

6. Haltbarmachung

Trocknen und in Tüten oder zusammen mit Reis in Gläsern aufbewahren

7. Bedeutung

Keine Küche kommt ohne Lorbeer aus. Jeder der einen Garten hat, sollte auch ein Lorbeerbäumchen besitzen.

Lorbeer *(Laurus nobilis)*

Majoran
Origanum majorana

frischer Trieb   Blütenstand

Majoran –

ist ein Küchenkraut.
Der hier behandelte Echte Majoran
hat die besten Würzeigenschaften.

1. Namen

botanischer Name: ***Origanum majorana***

- Badkraut
- Bratekräutche
- Bratenkräutel-Maigram
- Blutwürze
- Echter Majoran
- Maieron

- Maigram
- Mairalkraut
- Mairandost
- Maiwürzkraut
- Majeran
- Majorankraut

- Margran
- Masran
- Meierankraut
- Miran
- Kostenkraut
- Kranzkraut

- Kuchelkraut
- Kuttelkraut
- Wurstkraut

2. Wichtige Charakteristiker

JÄHRIGKEIT	HÖHE	BLÜTENFARBE
einjährig kann auch mehrjährig gezogen werden	30 – 40 cm	blüht von Juli bis September weiß über rötlich bis purpurfarben

3. Anbau

- Aussaat im April ins Frühbeet (breitwürfig säen und mit Sand übersieben)
- Keimdauer 17 - 24 Tage (Lichtkeimer)
- ab Mitte Mai je 2 - 3 Stück zusammen auf 10 x 15 cm auspflanzen
- kann aber auch durch Stecklinge (aus Stängeln und Wurzeln) von Mai bis August oder durch Teilung vermehrt werden
- braucht einen nährstoffreichen, lockeren, neutralen bis kalkhaltigen Boden (Majoran bekommt in reichhaltigem Boden einen intensiveren Geschmack); Kompost ist der ideale Untergrund
- benötigt einen geschützten, sehr sonnigen Platz
- hat Bodenfeuchtigkeit gern; wenn er angewachsen ist, macht ihm aber Trockenheit nichts mehr aus
- nicht zusammen mit *Estragon, *Minze, *Rosmarin und *Salbei anbauen

- Majoran wirkt sich günstig auf Wuchs und Gesundheit von Möhren und *Zwiebeln aus
- vor dem Winter auf 1/3 zurückschneiden
- ist stark frostempfindlich, deshalb abdecken
- am besten im Haus überwintern lassen
- junge Blätter und Blüten können jederzeit geerntet werden
- in günstigen Sommern kann Majoran 3x geerntet werden
- Haupternte erst kurz vor der Blüte am Ende des Sommers (das Laub wird am besten von den Stängeln befreit)
- Pflanzenbündel (aus ganzen Trieben) werden zum Trocknen im Schatten aufgehängt; danach die Blätter von den Stängeln entfernen und nochmals nachtrocknen
- lässt sich gut im Balkonkasten und in großen Töpfen ziehen
- für eine Familie reichen 2 - 3 Pflanzen

4. Geschmack

- ist süßlich-herb und würzig und dabei trotzdem mild (süßer als *Oregano)

- ist dem *Thymian verwandt (auch viel süßer als dieser)

5. Verwendung in der Küche

Majoran ist eines der wichtigsten Küchenkräuter, weil es äußerst vielseitig verwendbar ist. Er lässt sich allen Gerichten zusetzen, die auch mit *Thymian gewürzt werden. Bitte erst am Ende des Kochprozesses und dann recht sparsam zufügen, da Majoran sehr dominant ist. Frischer Majoran wird nicht mitgekocht, getrockneten muss man mitkochen, um eine Geschmackswirkung zu erzielen. Majoran ersetzt in der Diätküche das Salz.

5.1. Bereitung von Speisen und Getränken

- sehr gut zu überbackenem Käse auf Toast, Käsesalat und Käsegebäck
- Blätter feingehackt für Salate
- an alle Fisch-, Fleisch- und Wurstsalate
- verfeinert Kartoffeln: Bratkartoffeln,

Kartoffelsalat, Kartoffelsuppe und Kartoffelklöße
- sehr gut zu Spinat, Möhren, Erbsen, Bohnengemüse und zu gefülltem Paprika
- zum Würzen von Kürbisgemüse

- an alle Tomatengerichte (Tomatensuppe)
- für fast alle Suppen, besonders gut zu Eintopf und Hülsenfrüchten wie Erbsen, Bohnen und Linsen (ist Bestandteil der Hamburger Aalsuppe)
- an Soßen (besonders Buttersoßen, saure Sahnesoße)
- an Enten- und Gänsebraten
- an Schweinebraten, Kaninchen, Hammel, Lamm und alle anderen Fleischgerichte
- sehr gut zu allen Hackfleischgerichten und Leberknödeln
- ist das klassische „Wurstkraut", kann aber

- auch gut zu Pasteten gegeben werden
- zu Fisch
- feingehackt, zusammen mit Zitronensaft, sehr gut zum Anmachen von Anchovis
- für einen aromatischen Tee
- zum Auslassen von Schweineschmalz und Gänsefett
- bereichert die Füllungen von Gans und Ente
- für die Kräuteressigherstellung
- gut geeignet für Rohkost, vegetarischen Brotaufstrich und Diätgerichte
- auch an Auflauf, Knödel und Pizza

5.2. Welche Pflanzenteile werden verwendet ?

- frische und getrocknete Blätter und Stiele (behalten ihren Geschmack gut)

- Blüten
- die Samen würzen Zuckerwaren

6. Haltbarmachung

- die getrockneten Blätter und blühenden Spitzen in verschlossenen Gläsern oder Dosen aufbewahren
- Majoran ist sehr gut zum Tieffrieren geeignet
- auch in Öl oder Essig legen

7. Bedeutung

Jeder, der einen Garten hat sollte darin Majoran anbauen. Majoran ist neben *Petersilie und *Schnittlauch das bekannteste und wichtigste Küchenkraut.

Majoran *(Origanum majorana)*

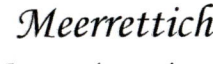

Meerrettich
Armoracia rusticana

Blütenstand

Pflanze

Wurzelknolle

Meerrettich –

*ist ein Küchenkraut, wird aber
auch vielfach als Gewürz bezeichnet.*

1. Namen

botanischer Name: **Armoracia rusticana**

- Bauernkraut	- Kren	- Meerrettig	- Pferderettich
- Bauernsenf	- Krien	- Meredich	- Rachenputzer
- Beißwurzel	- Maräk	- Mirchwurzel	- Reddig
- Englische Wurzel	- Maressig	- Morrettig	- Scharfwurzel
- Fleischkraut	- Marr	- Pfefferwurzel	- Skorbutkraut
- Greinwurzel	- Mähr-Retig	- Pferderadis	- Waldrettich

2. Wichtige Charakteristiker

JÄHRIGKEIT	HÖHE	BLÜTENFARBE
mehrjährig	60 – 120 cm	blüht von Mai bis Juli weiß

3. Anbau

- Vermehrung nur durch Pflanzenteilung oder durch Stecklinge
- am besten im Februar - März Wurzelstecklinge von mindestens 12 mm Durchmesser und 20 cm Länge mit nur einem Trieb oder einer Knospe (auch als „Fechser" bezeichnet), in 15 - 20 cm Tiefe mit Abständen von mindestens 30 cm in der Reihe (mit 80 cm Seitenabstand) in leichter Schräglage stecken (so dass der obere Teil des Fechsers mit dem Erdboden abschließt)
- um schöne glatte Wurzeln (auch „Stangen" genannt) zu erzielen, sollte man die Fechser etwa Mitte Juli, nach kräftigem Laubaustrieb, im oberen Drittel freilegen und mit einem scharfen Messer alle nachgewachsenen Nebentriebe abschneiden, bzw. mit einem groben Tuch alle Nebenwürzelchen wegreiben; danach wieder mit Erde bedecken und gut wässern (dadurch erhält man eine einzige starke Wurzel pro Pflanze)
- für ein gutes Wachstum sind tiefe, nähr-stoffreiche (im Herbst vorher viel Kompost geben), kalkhaltige Böden aus lehmigem Sand (im Sommer Flüssigdünger geben) besonders geeignet; einzelne Autoren empfehlen jedoch den Anbau ausschließlich in lockerem Boden, um die Wurzeln restlos ernten zu können
- ihm reicht Halbschatten, aber auch eine voll schattige Lage völlig aus
- möchte zwar einen feuchten Boden, aber Nässe verträgt der Meerrettich nicht
- gilt als Schutz vor Kartoffelkäfern
- Meerrettich braucht viel Platz; er sollte so gesetzt werden, dass er die anderen Kräuter nicht erdrücken kann (man hilft sich häufig wie bei *Minze dadurch, dass man ihn in einen Topf ohne Boden oder in aufrecht stehende Drainagerohre setzt)
- bei Bedarf wird die Wurzel ausgegraben und geschält (am besten, wenn das Laub zu welken beginnt); sie soll bei kaltem Wetter besser schmecken, deshalb empfiehlt sich das Ausgraben im Winter
- bei strengen Wintern sollte die ganze Pflanze im Keller in feuchtem Sand überwintern
- man sollte stets nach 2 - 3 Jahren neu pflanzen, da sonst die Qualität nachlässt
- Meerrettich ist nicht für die Bepflanzung von Balkonkästen und Töpfen geeignet
- eine Familie benötigt 4 - 9 Pflanzen

4. Geschmack

süßlich-scharf bis brennend-scharf

5. Verwendung in der Küche

Meerrettich wird am besten frisch geschält und gerieben verwendet. Frisch gerieben behält er seine Farbe, wenn er mit Zitronensaft beträufelt wird. Seine Schärfe wird häufig durch die Zugabe von Sahne (Sahnemeerrettich) oder geraspeltem Apfel (Apfelmeerrettich)gemildert. Nicht mitkochen ! Das die Schärfe bewirkende Enzym wird beim Kochen zerstört.

 WARNUNG: Wer an Schilddrüsenunterfunktion leidet, sollte keinen Meerrettich essen; wer Nierenprobleme hat, sollte ihn ebenso wie Schwangere nicht regelmäßig zu sich nehmen !

5.1. Bereitung von Speisen und Getränken

- für pikant abgeschmeckten Quark, Joghurt und Majonäse, aber auch Meerrettichbutter
- sehr pikant auch in Kartoffelsalat
- passt gut zu Gemüse wie Gurken und Rüben
- zu Suppen, insbesondere Eintöpfen
- vor allem für (ungekochte) Soßen (in gekochten Soßen lässt der Geschmack nach); die auf der ganzen Welt bekannte

Meerrettichsoße ist eine Köstlichkeit, bestehend aus geriebener Meerrettichwurzel, Zitronensaft und Sahne
- mit Essig oder Zitronensaft zu geräuchertem Speck, Schinken und kaltem Braten
- traditionell an Roastbeef und geräuchertem Fleisch sowie zu Rinderzunge
- ferner an fast alle Fleischgerichte, vor allem an gekochte und solche vom Rind (Tafelspitz)
- auch als Beilage zu Wurst, besonders gern auch zu Würstchen
- sehr gut auch zu gekochtem Fisch (Hecht, Heilbutt, Karpfen, Lachs), aber auch zu Räucherfisch (Forelle, Bückling), Fischsalat und Meeresfrüchten
- zum Würzen von Eierspeisen
- Meerrettich hat nach wie vor Bedeutung für die englische Küche, wird aber auch in Skandinavien, Nordfrankreich und den USA viel verwendet
- frische in Scheiben geschnittene Meerrettichwurzeln benutzt man zum Einlegen von Gurken, Kürbis und Mixed Pickles aber auch von Hering
- auch an Rohkostgerichte

5.2. Welche Pflanzenteile werden verwendet ?

- vom Meerrettich werden die Wurzeln frisch im Ganzen oder auch gerieben aufbewahrt
- junge Blätter schmecken ähnlich wie die Wurzel, sind jedoch milder; man nimmt sie zu (grünen) Salaten, aber auch auf das Butterbrot

6. Haltbarmachung

- ganze Wurzeln halten sich lange in feuchtem Sand
- frisch geriebene Wurzel lässt sich gut tiefgefrieren
- man kann sie auch in Essig aufbewahren
- hin und wieder wird die Wurzel auch gemahlen und getrocknet aufbewahrt

7. Bedeutung

Kein Hobby-Koch kann auf frischen Meerrettich verzichten – deshalb sollte ihn auch jeder Hobby-Gärtner anbauen !

Meerrettich (*Armoracia rusticana*)

Minze, Pfefferminze

Mentha piperita

frischer Trieb

Blütenstand

Minze –

ist ein Küchenkraut.
Es gibt mehr als 600 Varietäten
und es entstehen ständig neue !

In Europa wachsen folgende Minzen wild:

- Ackerminze
- Grüne Minze oder
  Grüne Roßminze
- Krause Minze
- Katzenminze
- Orangenminze

- Pfefferminze (Pfefferminze ist
  ein Hybrid aus Grüner Minze
  und Wasserminze und keine
  selbstständige Art !)
- Pferdeminze
- Poleiminze

- Rundblättrige Minze
  (Daraus entstanden die kulti-
  vierten Varietäten Apfelminze
  und Ananasminze. Dies sind
  die besten für die Küche !)
- Wasser- oder Bachminze

1. Namen

botanischer Name: **Mentha species (piperita)**

- Flohkraut

- Katzenbalsam

- Münze

2. Wichtige Charakteristiker

JÄHRIGKEIT	HÖHE	BLÜTENFARBE
mehrjährig	10 – 100 cm je nach Spezies	blüht von Juli bis September weiß oder rosa bis violett

3. Anbau

- Minzen vermehren sich durch Wurzelausläufer
- Wurzelstücke werden nach dem letzten Frost im Abstand von 10 cm ausgelegt
- alle 3 Jahre sollten die Wurzeln erneut geteilt und umgepflanzt werden
- auf 30 x 30 cm umpflanzen
- der Boden sollte leicht alkalisch bis neutral und nährstoffreich sein
- alle Minzen lieben Feuchtigkeit und sonnige bis halbschattige Lagen
- alle Blütenstängel entfernen, um unerwünschte Kreuzungen zu vermeiden
- wenn Rost auftritt, muss die Pflanze ausgegraben und verbrannt werden
- am besten eine eigene Ecke geben, da alle Minzen sich stark ausbreiten (am besten in ein hochkant gestelltes Dränagerohr pflanzen)
- ist winterhart
- Blätter vor der Blüte ernten, sonst verlieren sie das Aroma
- sehr schöne Rabattenpflanzen, aber auch ideal für Balkonkasten und Blumentopf mit humusreicher Erde
- zwei bis drei Pflanzen reichen für eine vierköpfige Familie

4. Geschmack

der Geschmack fällt sehr unterschiedlich aus – je nach Boden und Klima :

- in der Regel kühles, süßlich-scharfes und leicht pfeffriges Aroma mit leicht zitronigem Anklang
- die Pfefferminze ist beißend scharf, aber gleichzeitig auch süß, herb und würzig

5. Verwendung in der Küche

Ein feines Minzöl ist besser als die frische Pflanze !

5.1. Bereitung von Speisen und Getränken

- zur Herstellung von Minzbutter
- gut zu neuen Kartoffeln
- kann auch zu Gemüse wie grünen Erbsen, Bohnen, Linsen, Gurken, Tomaten, Möhren und Auberginen köstlich sein
- auch als Minzsoße zu Lamm und Hammel (aber nicht zu anderem Fleisch)
- passt auch gut zu Ente mit Orangen
- in der englischen Küche sind Minzen eine Sommerwürze
- besonders wichtig für die türkische und die asiatische, speziell die vietnamesische Küche
- zu Pilzgerichten
- an Marinaden, zu Dipps und zur Essigherstellung
- Pfefferminze wird zur Herstellung verschiedenster Pfefferminzliköre verwendet; für Pfefferminzöl (zu Pfefferminzcreme und Süßspeisen) und Pfefferminzgelee (schmeckt wunderbar), wird auch oft zur Süßwaren- und Bonbonherstellung verwendet
- in Deutschland ist der Pfefferminztee sehr bekannt
- Minz-Kräuterwein (aus getrocknetem Kraut)
- Minzen passen zu vielen Früchten, etwa zu Äpfeln und Stachelbeeren
- auch lecker an Sorbets und Obstsalate
- passt sehr gut zu Eisbechern und zu eisgekühlten (Frucht-) Getränken mit und ohne Alkohol

5.2. Welche Pflanzenteile werden verwendet ?

- frische und getrocknete Blätter
- Blüten für Salate und Garnituren

6. Haltbarmachung

- Minzen lassen sich gut trocknen
  (am besten in einem handwarmen Backofen) –
  aber das Aroma leidet
- gut gesalzene konzentrierte Minzsoße hält sich
  in der Flasche im Kühlschrank sehr lange
- mit Wasser und etwas Öl tiefgefrieren
- auch in Öl oder Essig einlegen

7. Bedeutung

Jeder Freund der englischen Küche sollte Minze in seinem Garten anbauen.
Hobbygärtner und Köche mit etwas mehr Interesse bauen wenigstens eine Art an.

Minze *(Mentha species)*

Oregano
Origanum vulgare

Zweig mit Blütenstand

junge Triebspitze

Oregano –
ist ein Küchenkraut.

1. Namen

botanischer Name: **Oreganum vulgare**

- Badkraut	- Dost	- Mutterkraut	- Schusterkraut
- Berghopfen	- Frauendosten	- Müllerkraut	- Spanischer Hopfen
- Blauer Dunst	- Gemeiner Dost	- Ohrkraut	- Staudenmajoran
- Brauner Dost	- Gemude	- Oregan	- Wilder Majoran
- Costenz	- Gewöhnlicher Dost	- Origano	- Wohlgemut
- Dorant	- Maran	- Rehkraut	

2. Wichtige Charakteristiker

JÄHRIGKEIT	HÖHE	BLÜTENFARBE
mehrjährig	30 – 80 cm	blüht von Juli bis Oktober in der Regel rosa bis dunkellila, aber auch weiß

3. Anbau

- Aussaat ab April in Reihen von 25 cm Abstand (Lichtkeimer)
- später auf 20 cm vereinzeln
- einfacher ist die Pflanzenteilung (Frühjahr oder Herbst) oder die Vermehrung durch Stecklinge
- liebt basenreichen, humosen Boden
- volle Sonne verstärkt das Aroma
- möchte ziemlich trocken und durchlässig gehalten werden
- ist winterhart, kann aber in sehr rauhen Lagen ein Abdecken gut vertragen
- die ganze Pflanze wird zu Beginn der Blüte, an einem sonnigen Tag, ca. 5 cm über dem Boden geschnitten
- sehr gut geeignet für tiefe, breite Blumenkästen und -töpfe mit lockerer Erde (1/3 Sand untermischen)
- zwei bis drei Pflanzen reichen für eine Familie aus

4. Geschmack

- angenehm scharf und bitter
- pfeffrig und etwas beißend
- herb-würzig mit einem zitronenartigen

Nachgeschmack
- das Aroma ist ähnlich, aber feiner als das von *Majoran

5. Verwendung in der Küche

Oregano wird mitgekocht und meist getrocknet verwendet. Man nimmt ihn für kräftig-würzige Speisen. Gern wird er mit *Majoran oder *Knoblauch gemischt.
Er ist die klassische Pizzawürze.
Oregano ist fester Bestandteil des *Bouquet garni.

5.1. Bereitung von Speisen und Getränken

- zu Käsespeisen
- an grüne und gemischte Salate
- sehr gut zu verwenden für Gemüsegerichte aus Tomaten, Bohnen, Möhren, Auberginen, Gurken und Zucchini
- an Suppen (Kartoffelsuppe)
- zu Soßen (besonders zu Spaghettisoße, Tomatensoße)
- macht Fleischgerichte (besonders Gulasch, Kalb und Lamm) pikant
- zur Wurstherstellung (Leberwurst)
- passt auch sehr gut zu Fisch und Muscheln
- zu Eierspeisen
- für alle mediterranen Gerichte
- typisch für die italienische Küche
- zum Auslassen von Fett, für Gänseschmalz mit Zwiebeln und Äpfeln
- an Rohkost
- an Pizza
- auch an Aufläufe und Nudelgerichte

5.2. Welche Pflanzenteile werden verwendet ?

- Blätter und junge Triebe
- Blüten(knospen)
- Stängel

6. Haltbarmachung

- lässt sich in Bündeln (junge Triebe und Blätter) sehr gut trocknen (bei max. 30°C im Dunkeln)
- ist auch sehr gut zum Einfrieren geeignet
- wird auch in Essig oder Öl eingelegt

7. Bedeutung

Kein Liebhaber der italienischen Küche kann auf Oregano verzichten.

Oregano *(Oreganum vulgare)*

Petersilie
Petroselinum crispum
Krause Petersilie

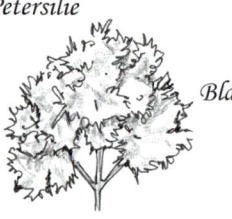

Blatt

Zweig

Petroselinum sativum
Glatte Petersilie

Petroselinum tuberosum
Wurzelpetersilie

Blatt

Petersilie –

ist ein Küchenkraut.

Man unterscheidet die drei hier
vorgestellten Arten:

- Krause Petersilie (auch
  Gartenpetersilie genannt)
- Glattblättrige (oder
  Französische) Petersilie und
- Wurzelpetersilie (auch
  Hamburger Petersilie).

Wenn man auf „Chinesische Petersilie" oder auf „Japanische Petersilie" trifft, hat man
*Koriander vor sich.

1. Namen

| botanischer Name: | *Petroselinum crispum (krause Petersilie)*
Petroselium sativum (glattblättrige Petersilie)
Petroselium tuberosum (Wurzelpetersilie) |

- Bittersilche
- Federselli
- Felseneppich
- Felswurzel

- Garten-Eppich
- Kräutel
- Peterchen
- Peterle

- Peterlein
- Peterling
- Silk
- Steinsilge

- Suppenwurzel

2. Wichtige Charakteristiker

JÄHRIGKEIT	HÖHE	BLÜTENFARBE
einjährig zweijährig	von 40 – 75 cm im 2. Jahr bis zu 100 cm	blüht im 2. Jahr von Juni bis August blassgelb bis grün

3. Anbau

- Aussaat ab Februar ins Freibeet in 25 cm Reihenabstand
- Keimdauer ca. 18 - 28 Tage
- auf 5 cm verziehen (eine Pflanze soll die andere nicht berühren)
- am besten jedes Jahr neu säen, da die Blütentriebe des zweiten Jahres die Würzkraft mindern
- wächst in jedem Boden, liebt aber einen gut bearbeiteten Gartenboden mit viel Humus und 1/3 Sand
- leicht alkalischer, nährstoffreicher aber nicht frisch gedüngter Boden bringt gute Ernten
- Wurzelpetersilie braucht tiefgelockerten Boden
- steht gern im Halbschatten, aber auch in voller Sonne
- braucht feuchte bis mittelfeuchte (keine nasse), leichte Erde; deshalb mäßig gießen
- man sollte Petersilie nur an wechselnden Standorten anbauen, da sie mit sich selbst nicht verträglich ist
- außerdem wird sie leicht von Schädlingen (Nematoden) befallen, wenn sie zweimal nacheinander an der gleichen Stelle steht

- nicht zusammen mit *Estragon, *Minze, *Rosmarin, *Salbei, Salat und Lauch anbauen
- sie steht gut neben Radieschen, Spargel, Tomaten, *Zwiebeln und Rettich
- Petersilie ist winterhart, aber bei Frost sollte sie abgedeckt werden; man gräbt auch häufig die Petersilie im Spätherbst aus und schlägt die Wurzeln in feuchten Sand im Keller ein
- erste Ernte nach 10 Wochen, dann jederzeit nach Bedarf
- je öfter das Kraut (Herzblätter unversehrt stehen lassen !) geschnitten wird, desto schneller wächst es nach
- Wurzeln im Herbst des 2. Jahres ausgraben
- Petersilie (außer Wurzelpetersilie) ist sehr gut in Blumenkästen zu ziehen, deren Erde mit Humus angereichert wurde (auch Gaben von flüssigem Dünger wirken sich sehr gut aus), am besten über Jungpflanzen
- aber auch Blumentöpfe mit Petersilie können im Winter (als hübscher Zimmerschmuck) für Vitamine sorgen
- eine vierköpfige Familie, die etwas Wert auf gute Küche legt, braucht -zig Pflanzen

4. Geschmack

- besitzt ein kräftiges, leicht bitteres Aroma
- würzig mit einem Hauch von *Anis und Zitrone

- das nussige Aroma der Wurzelpetersilie liegt geschmacklich zwischen Blattpetersilie und *Sellerie

5. Verwendung in der Küche

Petersilie überlagert den Eigengeschmack der Nahrungsmittel nicht.
Frische Petersilie bitte erst dem schon fertigen Gericht zusetzen (nicht mitkochen).
Kleingehackt bildet Petersilie die Grundlage feiner Kräutermischungen.
Ein guter Koch verwendet sie so häufig, dass man die Beigabe kleingehackter Petersilie als Zeichen eines mit Liebe und Sorgfalt zubereiteten Essens werten kann.
Blattpetersilie gilt gegenüber der Krausen Petersilie als aromatischer.
Wenn nur getrocknete Petersilie verwendet wird, sollte man diese kurz mitkochen !

Wurzelpetersilie gehört zusammen mit *Sellerie, Lauch und Möhren zum Suppengemüse.
Petersilie ist Bestandteil des *„Bouquet garni" und der Kräutermischung *„Fines herbes".

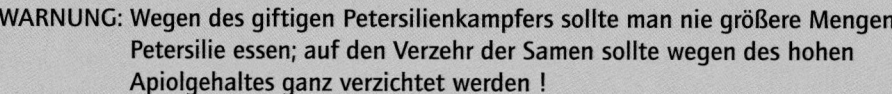

WARNUNG: Wegen des giftigen Petersilienkampfers sollte man nie größere Mengen
Petersilie essen; auf den Verzehr der Samen sollte wegen des hohen
Apiolgehaltes ganz verzichtet werden !

5.1. Bereitung von Speisen und Getränken

- wichtigster Bestandteil vieler
  Kräuterbuttersorten
- auf Butterbrot
- auch zur Verfeinerung von selbstgemachter
  Majonäse
- krause Petersilie eignet sich besonders
  gut für Salate
- sehr gut zu Kartoffeln und Kartoffelsalat
- für viele Gemüsegerichte zur Verfeinerung

- an Suppen (hier besonders die
  Wurzelpetersilie), insbesondere an
  Gemüsesuppen und Eintopf
- ist unerlässlich für eine Unmenge von Soßen
  (insbesondere: Petersiliensoße)
- an Fleisch und Geflügel
- zu Fisch und Schalentieren
- zu allen Arten von Eierspeisen
- wird vielfältig für die Garnierung eingesetzt

5.2. Welche Pflanzenteile werden verwendet ?

- von der Krausen und der Glattblättrigen
  Petersilie werden traditionell die Blätter
  verwendet
- die Stängel haben jedoch einen noch
  intensiveren Geschmack (würzt Brühe)
- die Wurzelpetersilie (wegen ihrer Wurzel
  angebaut) gibt Gemüsesuppen und

  Eintöpfen den richtigen Pep
- Wurzelpetersilie ist ein wichtiger Bestandteil
  des in Deutschland so bezeichneten Straußes
  „Suppengrün"
- Petersilienwurzeln können auch sehr gut
  als Gemüse angerichtet werden

6. Haltbarmachung

- Petersilie muss als einziges Küchenkraut bei
  einer sehr hohen Temperatur (80 - 95 Grad)
  getrocknet werden, verliert aber durch das
  Trocknen unweigerlich an Aroma
- besser eignet sich das Einfrieren

  (Portionen machen)
- auch durch das Vermischen kleingehackter
  Petersilie mit Salz und dem anschließenden
  Verwahren in einem luftdichten Gefäß lassen
  sich gute Konservierungseffekte erreichen

7. Bedeutung

Petersilie ist das älteste und bekannteste und eigentlich auch beste Würzkraut.
Es gibt außer Süßspeisen kaum ein Gericht, das mit Petersilie nicht besser schmeckt.
Deshalb darf sie sommers wie winters in keinem Garten (oder auf keinem Balkon) fehlen !
Petersilie ist das einzige Küchenkraut, das in der deutschen Küche als unverzichtbar gilt.

krause Petersilie *(Petroselinum crispum)*, glattblättrige Petersilie *(Petroselium sativum)*

Pimpinelle
Sangiusorba minor

Laub

Blütenstand

Pimpinelle –

ist ein Küchenkraut.

1. Namen

botanischer Name: **Sanguisorba minor**

- Bibernell
- Bibernelle
- Blutkraut
- Bluttröpflein
- Braunelle
- Gartenpimpernelle

- Grummetkopf
- Hergottsbart
- Hosenknopf
- Kleiner Wiesenknopf
- Kölbleinkraut
- Nagelkraut

- Pimpernell
- Pinellkraut
- Rotkopf
- Schlotfeger
- Schneiderknopf
- Sperbenkraut

- Steinpeterlein
- Steinpetersilie
- Trommelschlegel
- Weinpimpinellwurzel
- Wiesenbimbernell

2. Wichtige Charakteristiker

JÄHRIGKEIT	HÖHE	BLÜTENFARBE
mehrjährig	35 – 80 cm	blüht von Juni bis September rötlich-grün

3. Anbau

- man zieht Pimpinelle leicht aus Samen;
  am besten jedes Jahr neu säen, da die
  jungen Blätter am schmackhaftesten sind
- Aussaat ab März an Ort und Stelle mit
  20 cm Reihenabstand
- Keimdauer 12 - 20 Tage; auf 20 cm verziehen
  (wegen der Pfahlwurzel möglichst nicht
  umpflanzen)
- bei Wurzelteilung hat man schnelleren Erfolg
- stellt kaum Ansprüche an den Boden;
  wenn er humos und kalkhaltig ist,
  gedeiht Pimpinelle besonders gut
- möchte sehr viel Sonne und trockenen
  Boden haben
- alte Blätter stets entfernen, um den
  Neuaustrieb zu fördern

- bleibt in mildem Winter grün, wenn nicht,
  kommt sie mit den ersten Frühlingspflanzen
  wieder
- ernten kann man die zarten hellgrünen
  Blättchen ständig (ältere werden hart
  und schmecken nicht mehr); regelmäßiger
  Schnitt fördert das Wachstum
- die Blütenstände sollten entfernt werden,
  da die Pflanze sonst aussamt
- Anbau in tiefen Töpfen gut möglich
  (am besten hier aber jedes Jahr neue
  Pflanzen); ist im Garten sehr gut für Rabatten
  und zur Einfassung von Wegen bzw. Beeten
  geeignet
- der Familienbedarf dürfte bei 4 - 9 Pflanzen
  liegen

4. Geschmack

- würzig-aromatisch
- frisch und gurkenähnlich

- alte Blätter schmecken bitter
- manchmal nussartig

5. Verwendung in der Küche

Pimpinelle nur frisch verwenden und in der Regel nicht mitkochen !
Lässt sich gut mit *Estragon und *Rosmarin kombinieren. Weil sie nicht so kräftig ist,
passt die Pimpinelle überhaupt zu allen denkbaren Kräutermischungen und ist überall
dort gut einzusetzen, wo Küchenkräuter passen !
Ihr Aroma wird durch Zugabe einiger Zitronensaftspritzer erhöht und verfeinert.

5.1. Bereitung von Speisen und Getränken

- klassischer Bestandteil von Kräuterbutter
- zu Quark, Weichkäse und an Majonäse
- vorzüglich für frische Salate, grünen Salat,
  Tomaten- und Gurkensalat
- würzt Gemüse wie Tomaten, Gurken
  und Kohlrabi
- an Suppen (besonders Kräutersuppen)
- an Soßen (Salatsoße, grüne Soße)
- an Fleischgerichte
- zu gekochtem und gebratenem Fisch,

  besonders aber zu Aalgerichten
- zu Eierspeisen
- an Fischmarinaden und zu Dipps (Kräutermilch)
- zur Aromatisierung von Wein, Punsch und
  anderen Kaltgetränken wie z.B. Gurkenbowle
- zusammen mit *Borretschblüten zum
  Dekorieren von Weingläsern
- in Weinessig zur Bereitung von Kräuteressig
- für Rohkostplatten

5.2. Welche Pflanzenteile werden verwendet ?

- frische und notfalls auch getrocknete Blätter
  (aber immer nur die jungen Blätter)

- junge Stängel

6. Haltbarmachung

- trocknen   - am besten tiefgefrieren (frisch frosten !)

7. Bedeutung

Die etwas vergessene Pimpinelle wird nur in Italien und Frankreich stark angebaut; in Deutschland findet man sie bei interessierten Gartenfreunden und Hobbyköchen.

Pimpinelle *(Sanguisorba minor)*

Portulak

Portulaca oleracea

Blütenstand

Pflanze

Wurzel

Portulak –

ist ein Küchenkraut.

1. Namen

botanischer Name: **Portulaca oleracea**

- Ackerpurzel
- Bürzelkraut
- Burgel
- Bürzelkohl
- Kohlportulak
- Kreusel
- Postelein
- Purzelkraut
- Sauburtzel

2. Wichtige Charakteristiker

JÄHRIGKEIT	HÖHE	BLÜTENFARBE
einjährig	30 – 60 cm	blüht von Mai bis Oktober gelblich, aber auch weiß bis tiefrot

3. Anbau

- Aussaat erst nach den Eisheiligen; reihenweise mit 15 cm Abstand ins Freibeet mit Folgesaaten für stets frische Blätter
- keimt nach 14 - 20 Tagen (Lichtkeimer)
- nach dem letzten Frost im Mai vereinzeln
- einfacher ist der Kauf einer Jungpflanze
- möchte leichte und lockere, nicht frisch gedüngte Gartenerde haben (nur mit Kompost düngen)
- benötigt windgeschützte Lagen mit viel Sonne
- sollte nicht zu feucht gehalten werden, ist aber in Trockenzeiten viel zu gießen (verträgt keine Staunässe)
- nicht zusammen mit *Zwiebeln anbauen
- nach ca. 8 Wochen kann man die ersten Blätter ernten (nicht zu tief abschneiden)
- Ernte nur bis zur Blüte (wird dann hart und bitter)
- lässt sich auch sehr gut in großen Töpfen und Balkonkästen ziehen (hell stellen)
- für eine Familie reichen 4 - 9 Pflanzen, wenn Portulak nicht als Gemüse gegessen wird

4. Geschmack

- leicht salziger und frischer Geschmack
- scharf

5. Verwendung in der Küche

Portulak schmeckt am besten, wenn man ihn mit anderen Kräutern mischt !
Er sollte nicht mitgekocht werden !

5.1. Bereitung von Speisen und Getränken

- auf Butterbrot und zur Verfeinerung von Quarkaufstrich
- feines erfrischendes Salatkraut, besonders für grünen Salat, Tomaten- und Gurkensalat
- kann auch wie Spinat als Gemüse gekocht oder gedünstet (und mit Buttersoße serviert) werden
- zu Gemüse, besonders Spinat, Gurken, Tomaten, Paprikaschoten, *Zwiebeln und *Knoblauch
- an Suppen, besonders aber an Rahmsuppen (Kräutersuppe, Sauerampfersuppe, Tomatensuppe)
- zu Soßen, besonders Kräuter- und Tomatensoße sowie alle Arten Nudelsoßen
- auch an Fleischspeisen
- an Eiergerichte
- zu Fleischbrühe
- auch zum Einlegen in Essig gut geeignet
- für Rohkostgerichte

5.2. Welche Pflanzenteile werden verwendet ?

- junge Blätter und Stängel (alte sind bitter !)
- Blüten (vorwiegend für Salate)

6. Haltbarmachung

lässt sich nur einsalzen (ist nicht zum Einfrieren oder Trocknen geeignet)

7. Bedeutung

Nur der Küchenkräuter-Fan baut heute noch Portulak an. Er ist fast vergessen und dabei eines der besten Würzkräuter !

Portulak *(Portulaca oleracea)*

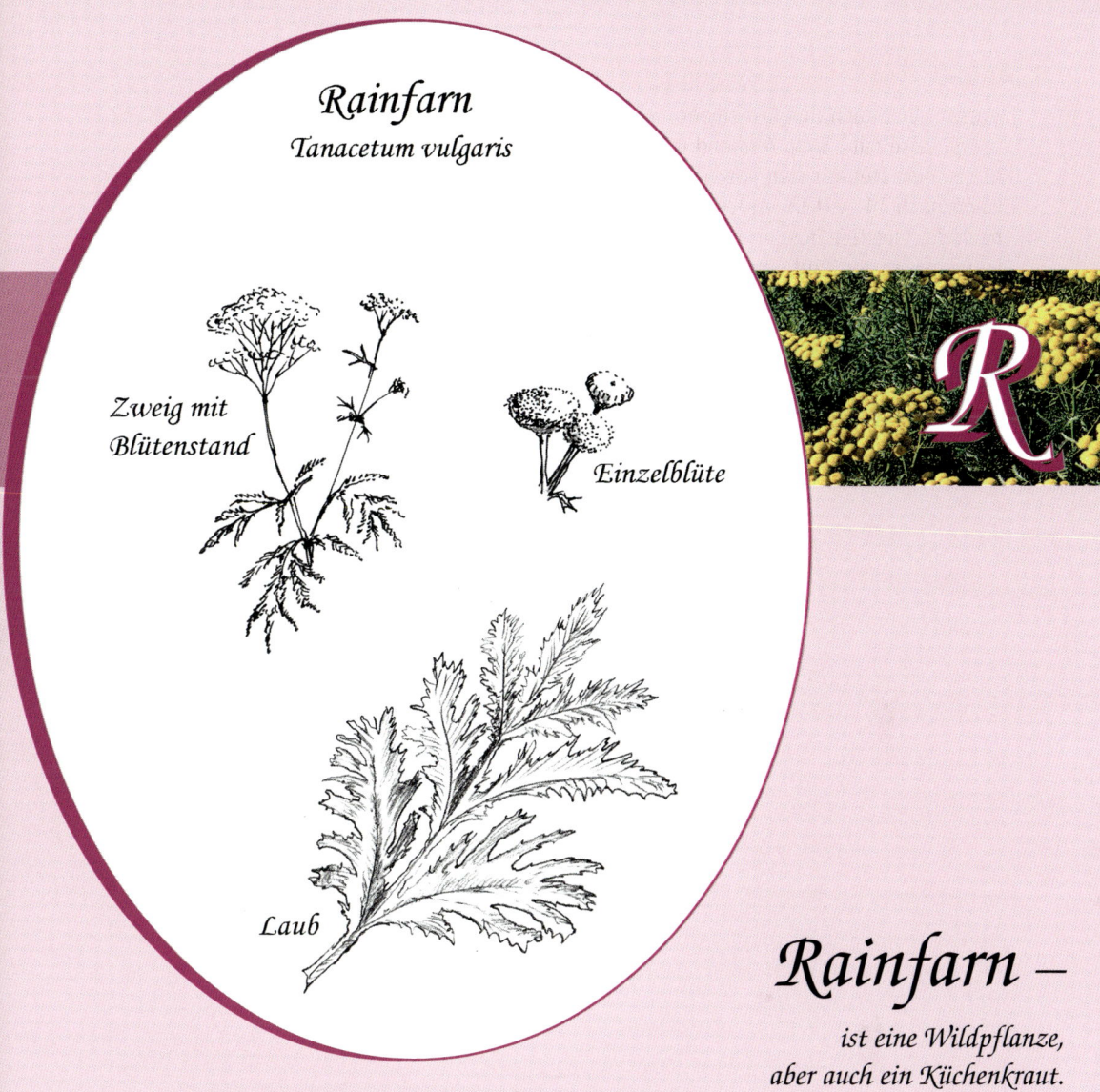

Rainfarn
Tanacetum vulgaris

Zweig mit Blütenstand

Einzelblüte

Laub

Rainfarn –
ist eine Wildpflanze,
aber auch ein Küchenkraut.

1. Namen

botanischer Name: **Tanacetum vulgare**

- Blitzkraut
- Donnerkraut
- Drusenkraut
- Frauenkraut
- Gelber Dorant
- Gemeiner Rainfarn
- Hemdknöpf
- Kropfkraut
- Milchkraut
- Wurmkraut
- Wurmsame

2. Wichtige Charakteristiker

JÄHRIGKEIT	HÖHE	BLÜTENFARBE
mehrjährig	80 – 120 cm	blüht von Juli bis September goldgelb

3. Anbau

- wächst als Wildpflanze nicht mehr sehr häufig an Wegen, Waldrändern, Bahndämmen, Ufern und feuchten Wegrändern
- Rainfarn im Frühling aus Samen ziehen, die Keimdauer beträgt 10 - 24 Tage
- später auf 45 x 45 cm setzen
- einfacher ist er durch Wurzelteilung zu vermehren
- liebt nährstoffreichen, mitteltrockenen, sandigen Lehmboden
- braucht Sonne oder zumindest Halbschatten
- sein durchdringender Geruch hält Insekten fern, weshalb er für den Kräutergarten sehr nützlich ist

- nach der Blüte zurückschneiden, um die Pflanze in Form zu halten
- ist winterfest, nur die oberirdischen Teile sterben ab
- Blätter nach Bedarf pflücken
- Blüten sammeln, wenn sie offen sind
- ist wenig geeignet für den Anbau im Haus (notfalls in großen Kübeln); sein Platz im Garten will gut überlegt sein, da Rainfarn sich über die Wurzeln stark ausbreitet
- für eine vierköpfige Familie reichen 2 - 3 Pflanzen

4. Geschmack

- stark-würzig

- bitter

5. Verwendung in der Küche

Getrocknete Blätter mit Öl oder Alkohol beträufeln, damit sie ihr volles Aroma entfalten.

WARNUNG: Rainfarn muss sorgfältig in Kleinstmengen dosiert werden, da er den Giftstoff Thujon enthält ! Schwangere sollten ihn ganz meiden !

5.1. Bereitung von Speisen und Getränken

- an Quark- und Frischkäsegerichte
- auf Fleisch reiben (ergibt einen Geschmack nach *Rosmarin)
- ansonsten nach Auffassung einer Minderheit von Köchen sehr gut zu Pfannkuchen, Omelettes, Füllungen, Süßwasserfischen, Fleischpasteten und an Salate
- für Mixgetränke

- an Dressings, Dipps und Vinaigrettes
- auch gut geeignet für Kräuteressig und -öl
- zum Würzen einer englischen Creme „Tansy"
- für Tansy-Kuchen und Tansy-Pudding, alles Gerichte, die früher zu Ostern üblich waren
- zusammen mit Rhabarber dämpfen
- junge Blätter in Öl backen und mit Orangensaft und Zucker genießen

5.2. Welche Pflanzenteile werden verwendet ?

- Blätter

- Blüten

6. Haltbarmachung

- Blätter und Blüten trocknen (von anderen Kräutern fern halten)

7. Bedeutung

Der Rainfarn hat seit dem Mittelalter so stark an Bedeutung verloren, dass ihn nur noch der Küchenkräuter-Fan anbaut.

Rainfarn *(Tanacetum vulgare)*

Ringelblume
Calendula officinalis

Blüte

Knospe

Samen

Wurzel

Ringelblume –

ist ein Küchenkraut.

1. Namen

botanischer Name: *Calendula officinalis*

- Bleschblume
- Butterblume
- Fallblume
- Gartenbutterblume
- Gartenringelblume
- Gelken

- Gilken
- Goldblume
- Jesusblume
- Regenblume
- Rinderrose
- Ringeli

- Ringelnelke
- Ringelrose
- Sonnenwende
- Stinkblume
- Studentenblume
- Totenblume

- Warzenblume
- Weinblume
- Wucherblume

2. Wichtige Charakteristiker

JÄHRIGKEIT	HÖHE	BLÜTENFARBE
einjährig	50 – 60 cm	blüht von Juni bis Oktober strahlend-gelb bis leuchtend-goldorange

3. Anbau

- im Herbst für eine frühe Blüte direkt ins Freibeet aussäen; im Frühjahr ab März für eine späte (Lichtkeimer)
- auf 30 x 30 cm vereinzeln, damit die Pflanzen buschig werden können (ein zu enger Bestand begünstigt den Befall mit Krankheiten)
- sät sich selbst aus und kommt so jedes Jahr wieder
- liebt lockeren, humosen und nährstoffreichen Boden
- braucht viel Sonne, gibt sich aber auch mit Halbschatten zufrieden
- mittlere Feuchtigkeit ist günstig
- Ringelblumen sorgen für einen gesunden Boden und stehen deshalb neben Erbsen, Gurken, Kohl, Möhren und Tomaten sehr günstig
- durch das Entfernen einiger Blüten regt man das Blütenwachstum an
- ist winterhart
- Ernte der Blüten sobald sie sich öffnen (verwelkte Blütenköpfe wegschneiden)
- Blätter können jederzeit geerntet werden, aber nur frische schmecken (später sind sie bitter und hart)
- die Ringelblume ist eine sehr gute Topfpflanze, für Balkonbepflanzungen und Kübel auch deshalb sehr beliebt, weil sie sich gut mit anderen Pflanzen kombinieren lässt
- wer gern mit den leuchtenden Blüten dekoriert, braucht schon 10 - 20 Pflanzen

4. Geschmack

- Blätter schmecken herb-bitter bis leicht pfeffrig
- manche Arten auch bittersüß bis leicht salzig
- frische Ringelblumen-Blüten besitzen eine zarte aromatische Bitterkeit mit erdigem Beigeschmack

5. Verwendung in der Küche

Sowohl das frische Laub als auch die Blütenblätter werden fein gehackt verwendet.

5.1. Bereitung von Speisen und Getränken

- Blütenblätter werden gern an Butter, Joghurt und an Käsespeisen gegeben
- Blätter und Blütenblätter zu Salaten (besonders zu grünem Salat)
- gedünstetes Gemüse wird gern mit Ringelblumen verfeinert
- Blütenblätter auch an Fleischsuppen und Eintöpfe (die frischen oder getrockneten kleingehackten Blütenblätter werden als Safran-Ersatz gern zu Fleischsuppen, Geflügel- und Fischgerichten gegeben)
- Blütenblätter mit *Dill besonders zu Fischsuppen (Aal !)
- Blütenblätter zur Verfeinerung von hellen Soßen für Geflügel, helles Fleisch und Fisch
- Blütenblätter an Reis- und Eierspeisen, auch an Eierkuchen
- Blüten und Blätter werden für die Teebereitung genommen (mit Honig süßen !)
- Blütenblätter passen nicht nur als Garnitur sehr gut an Kuchen, Süßspeisen und Puddings
- süße und würzige Gerichte kann man auch mit dem aus Ringelblumenblättern gekochtem Sud sehr gut gelb färben

5.2. Welche Pflanzenteile werden verwendet ?

- frische junge Blätter
- die Randblüten (nicht das Zentrum) werden zum Würzen vieler Speisen sowie als Ersatz für Safran verwendet (z.B. zum Färben von Reis, Fisch, Joghurt, Butter)
- die Samen können zerstoßen auch als Tee verwendet werden

6. Haltbarmachung

- die bei trockenem Wetter geernteten ganzen Blütenköpfe oder die ausgezupften äußeren Blütenblätter bei schwacher Temperatur trocknen, damit die Farbe bleibt und in einem kühl stehenden dunklen Schraubglas aufbewahren)
- auch in Öl einzulegen

7. Bedeutung

Küchenkräuter-Fans bauen die Ringelblume zur Gewinnung einer interessanten färbenden Speisewürze an. Hobby-Gärtner haben sie vielfach als Sommerblume massenhaft im Garten.

Ringelblume *(Calendula officinalis)*

Rosmarin
Rosmarinus officinalis

Trieb mit Blütenstand

Wuchshabitus

Rosmarin –

ist ein Küchenkraut.

1. Namen

botanischer Name: **Rosmarinus officinalis**

- Antonkraut
- Balsamstrauch
- Brautkraut
- Fürst der aroma- tischen Pflanzen
- Hochzeitsblümlein
- Hochzeitsmaie
- Kid
- Kranzenkraut
- Maria Reinigung
- Marienkraut
- Meertau
- Merdau
- Riechkräutlein
- Rosemarie
- Rosmarein
- Rosmariggen
- Röslimarie
- Weihrauchkraut
- Weihrauchwurz

2. Wichtige Charakteristiker

JÄHRIGKEIT	HÖHE	BLÜTENFARBE
mehrjährig	60 – 150 cm im Mittelmeerraum bis 300 cm hoch	blüht von März bis Mai (manchmal auch nochmals im Herbst) weiß über blassblau und blauviolett bis rosa

3. Anbau

- Rosmarin ist sehr schwer über Samen anzuziehen; günstiger ist es, eine Pflanze zu kaufen
- lässt sich aber auch gut aus Stecklingen ziehen; man kann auch einen Zweig in Wasser bewurzeln lassen; noch einfacher ist es, junge Pflanzen im Frühjahr oder Herbst zu teilen (nach dem letzten Frost ins Freibeet)
- auf 60 x 60 cm pflanzen
- der Boden sollte gut drainiert und wasserdurchlässig, nährstoffreich, trocken bis frisch sein (lehmige und schwere Gartenerde wird am besten mit 1/3 Sand gemischt)
- mit Humus, Kalk und Eierschalen bzw. zweimal im Jahr mit Depotdünger düngen
- braucht einen hellen, windgeschützten Platz mit viel Sonne (wenn möglich vor eine Südwand setzen)
- lässt sich gut zusammen mit Möhren und *Salbei anbauen
- sollte im Herbst zurückgeschnitten werden (Formschnitt), damit er im nächsten Frühjahr reich verzweigt und buschig wird (es darf aber nur 1/3 der Triebe abgeschnitten werden)
- Rosmarin ist sehr kälteempfindlich, muss deshalb vor dem ersten Frost (am besten in Töpfen) ins Haus; sollte erst nach den Eisheiligen wieder ins Freie
- in milden Wintern kann er auch abgedeckt im Freien bleiben
- Blätter können ständig in kleinen Mengen abgenommen werden, die Haupternte erfolgt jedoch vor der Blüte
- sehr gut geeignet für Fensterbank und (großen) Blumentopf in lockerer Erde (auch mit 1/3 Sand Beimengung) (kann jahrelang darin bleiben)
- eine Pflanze reicht für eine Familie

4. Geschmack

- leicht scharf
- erinnert an Muskat und Kampfer
- herb-bitter bis kampferartig mit holzigem Nachgeschmack

5. Verwendung in der Küche

**Rosmarin ist eines der aromatischsten Küchenkräuter – sparsam verwenden !
Wenn man Rosmarin verwendet, dann sollte er am besten (außer mit *Knoblauch)
nicht mit anderen Kräutern gemischt werden !
Man kocht Rosmarin mit.**

5.1. Bereitung von Speisen und Getränken

- fein zu Kräuterbutter, Quark und Käse
- Rosmarinblüten an Salate
- zu Kartoffelgerichten, besonders aber zu Bratkartoffeln
- für Gemüse (an weiße Bohnen und an Tomatengerichte)
- an Suppen (Tomatensuppe)
- verleiht Soßen (Salatsoße, Bratensoße, Tomatensoße) eine herb-würzige Note
- zum Würzen von Huhn und Geflügelragouts, Schweinefleisch, Lamm, Hammel, Kalb, Wild, Gulasch und anderen Fleischgerichten
- beim Grillen geben verbrannte Zweige dem Fleisch ein besonderes Aroma
- sehr gut zu gekochtem Seefisch (mit *Salbei und *Zwiebeln um den Geruch zu mildern) und Muscheln
- auch zur Teeherstellung verwendbar
- an mediterrane Gerichte, besonders wichtig speziell für die italienische und die französische Küche
- gern auch in Füllungen
- gut an Fleischbrühe
- an Marinaden (Fisch- und Fleischmarinaden)
- zum Aromatisieren von Essig und Öl (frische Zweige)

- zum Einpökeln von Fleisch sowie zum Sauereinlegen von Fisch
- auch an Backwaren und Gelees

5.2. Welche Pflanzenteile werden verwendet ?

- junge Triebspitzen
- getrocknete Blätter, die zur Blütezeit geerntet werden

- frische Blüten werden in Salate gestreut
- Blüten auch mit Zucker zerstoßen, mit Sahne vermischen und zu Fruchtpüree geben

6. Haltbarmachung

Ganze Zweige trocknen und die Blätter erst bei Verwendung zerdrücken

7. Bedeutung

Rosmarin ist in der deutschen Küche inzwischen wichtig geworden, er ist ein MUSS für jeden Kräutergarten.

Rosmarin (*Rosmarinus officinalis*)

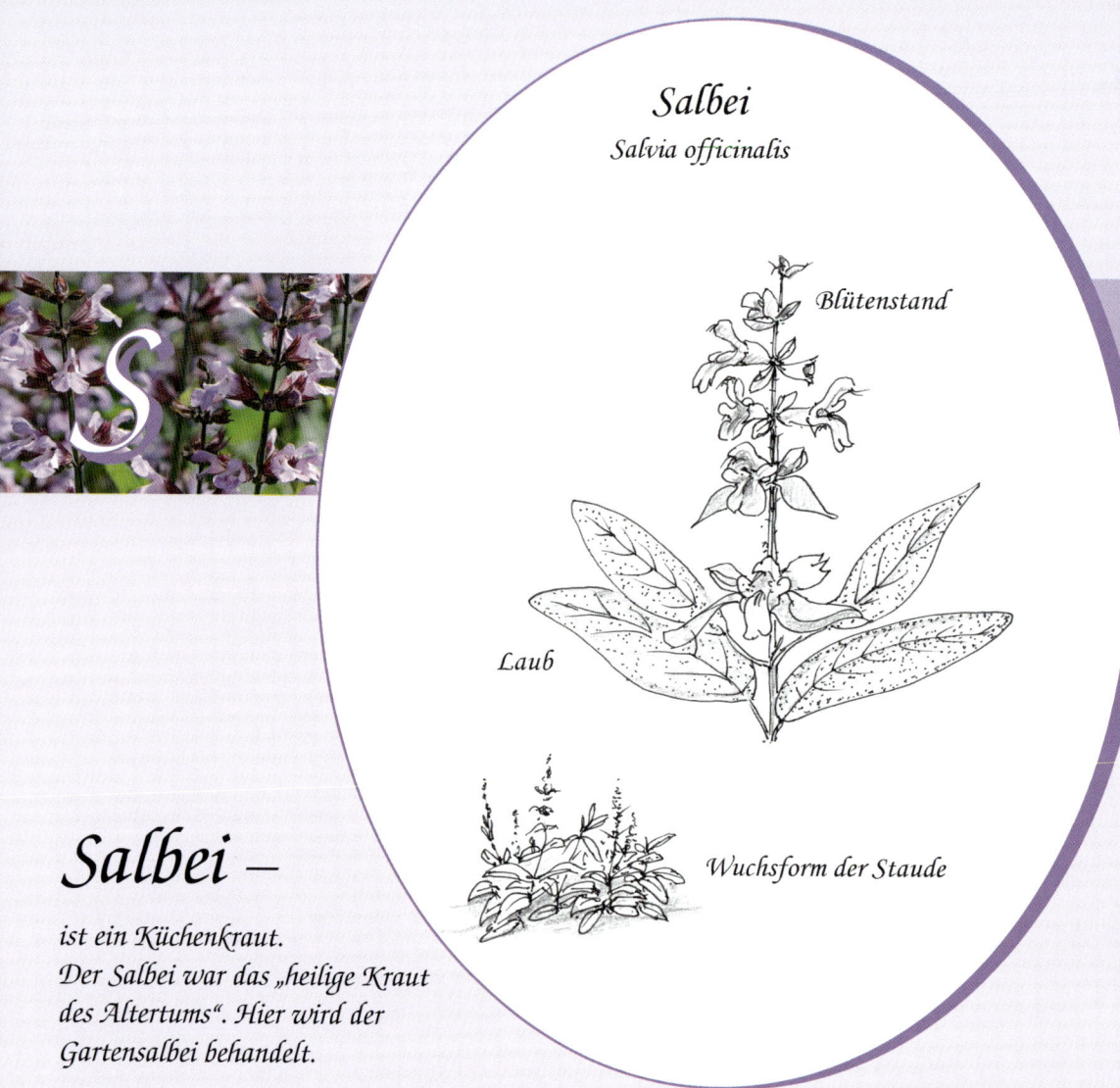

Salbei
Salvia officinalis

Blütenstand

Laub

Wuchsform der Staude

Salbei –

ist ein Küchenkraut.
Der Salbei war das „heilige Kraut
des Altertums". Hier wird der
Gartensalbei behandelt.

1. Namen

botanischer Name: **Artemisia vulgaris**

- Altweiberschmecken
- Ananassalbei
- Cypernsalbei
- Echter Salbei
- Edelsalbei
- Edelsalber
- Eschenblättriger
  Salbei
- Fischalve
- Gartensalbei
- Gemeiner Salbei
- Geschmackblatt

- Götterspeise
- Grahams und
  Greggs Salbei
- Griechischer Tee
- Heilsalbei
- Königssalbei
- Kreuzsalbei
- Küchliblätter
- Lavendelsalbei
- Muskatellerkraut
- Muskatenkraut
- Müsliblätter

- Rauchsalbei
- Rauhe Salbe
- Roter Salbei
- Sabikraut
- Salbenblätter
- Salfat
- Salgere
- Salser
- Salvei
- Strauch, der das Heil
  der Welt barg
- Scharlachkraut

- Schmale Sophie
- Selbinblätter
- Sophie
- Sparleiblätter
- Tugendsalbe
- Wurmsamensalbei
- Zafferblätter
- Zahnblätter
- Zupfblatteln

2. Wichtige Charakteristiker

JÄHRIGKEIT	HÖHE	BLÜTENFARBE
mehrjährig	60 – 80 cm	blüht von Juni bis August lila bis blauviolett (es gibt aber auch weiße und rosa Varietäten)

3. Anbau

- im April ins Früh- oder Mistbeet in Reihen von 30 cm Abstand aussäen (ab Mai ins Freiland)
- die nach 21 - 28 Tagen auftauchenden Keimlinge auf 30 cm vereinzeln
- da die jungen Pflanzen sehr langsam wachsen, ist eine Vermehrung durch Teilung oder Stecklinge (Absenker Wurzeln fassen lassen) viel effektiver
- liebt lockeren, gut durchlüfteten und wasserdurchlässigen, trockenen Boden
- die Erde sollte humusreich und kalkhaltig sein
- möchte gern sonnig stehen
- sein Duft hält Schnecken und Läuse fern
- Salbei fördert Wuchs und Gesundheit von Bohnen, Erbsen, Kohl, Möhren (ist aber ungünstig für Gurken) und *Rosmarin
- nach der Blüte zurückschneiden (auch wenn die Pflanze zu schießen beginnt)
- kann im Winter im Freien bleiben, sollte aber mit Torf oder Tannenzweigen abgedeckt werden
- man sollte alle 3 - 4 Jahre neue Ableger ziehen, da Salbei nach einigen Jahren holzig wird
- frische Blätter erntet man am besten kurz vor der Blüte
- zum Trocknen die Triebspitzen abschneiden (es darf aber nur 1/3 der Triebe abgeschnitten werden); Stängel verholzen ab dem 2. Jahr
- wenn der vorhandene Salbei nicht schmeckt, sollte man ihn auswechseln
- sehr gut in Balkonkästen und großen Blumentöpfen in lockerer Erde mit 1/3 Sand (nach 2 Jahren neu setzen)
- zwei bis drei Pflanzen reichen für eine Familie

4. Geschmack

variiert durch Boden und Klima beträchtlich:

- schmeckt meist streng-würzig mit Kampferaroma
- manchmal mild-moschusartig, aber auch würzig-bitter

5. Verwendung in der Küche

Salbei wird sparsam verwendet, denn er würzt sehr intensiv!
Wegen seines starken Aromas wird Salbei selten mit anderen Küchenkräutern kombiniert.

5.1. Bereitung von Speisen und Getränken

- zur Herstellung von Kräuterbutter
- passt auch sehr gut zu Käse
- zu Salaten
- gehackte Blätter auch zu Gemüse (besonders zu Tomatengerichten)
- für grüne Bohnen (aber auch für dicke Bohnen) und Erbsen
- an mediterrane Eintöpfe
- an (saure) Soßen und Bratentunken
- an fast alle fettreichen Fleischgerichte,
- aber besonders an Geflügel, Wild, Kaninchen, Schweinebraten, Lamm und Hammel
- auch zu Steaks, Kalbfleisch, sauren Nieren und gebratener Leber, aber auch zu allen Hackfleischgerichten
- Salbeiblätter zwischen Speck, *Zwiebeln und Tomaten auf den Grillspieß stecken; manche spießen Grillfleisch auf Salbeistängel oder spicken es mit seinen Blättern

- wird auch vom Privatmann zum Würzen bei der Wurstherstellung benutzt (in Wurstwaren des organisierten Lebensmittelhandels ist Salbei meist nicht enthalten, weil Kinder diesen Geschmack meist nicht mögen)
- besonders zu Fischgerichten (Aalsuppe und gekochtem Aal, aber auch an Heringsgerichte)
- zu gebratenem Fisch (besonders grüner Aal und Hering)
- im Fischsud von Fischsuppen und Fischsoßen mitkochen

- zu vielfältigen Eierspeisen (besonders zu Käse- und Kräuteromelettes)
- Salbei ist in der italienischen Küche wie *Lorbeer und *Rosmarin eines der klassischen Küchenkräuter
- sehr pikant ist die *Zwiebel-Salbei-Füllung bei Gans und Ente
- auch für weitere Füllungen und für Pasteten
- zur Essigherstellung
- zum Einlegen von Gurken
- auch für Diäten geeignet

5.2. Welche Pflanzenteile werden verwendet ?

- von den Blättern am besten nur die jungen zarten nehmen

- die Blüten auf Salate streuen (auch für Tee geeignet)

6. Haltbarmachung

- langsam an der Luft trocknen (um Geschmack zu erhalten und Schimmel zu vermeiden) und pulverisieren (getrockneter

Salbei kann bitter und seifig schmecken)
- besser ist gefriertrocknen

7. Bedeutung

Manche halten Salbei für gewöhnlich, andere lieben ihn geradezu. Auf alle Fälle gehört Salbei bei den meisten Hobbygärtnern und -köchen zum stabilen Fundus ihrer Küchenkräuter.

Salbei *(Salvia officinalis)*

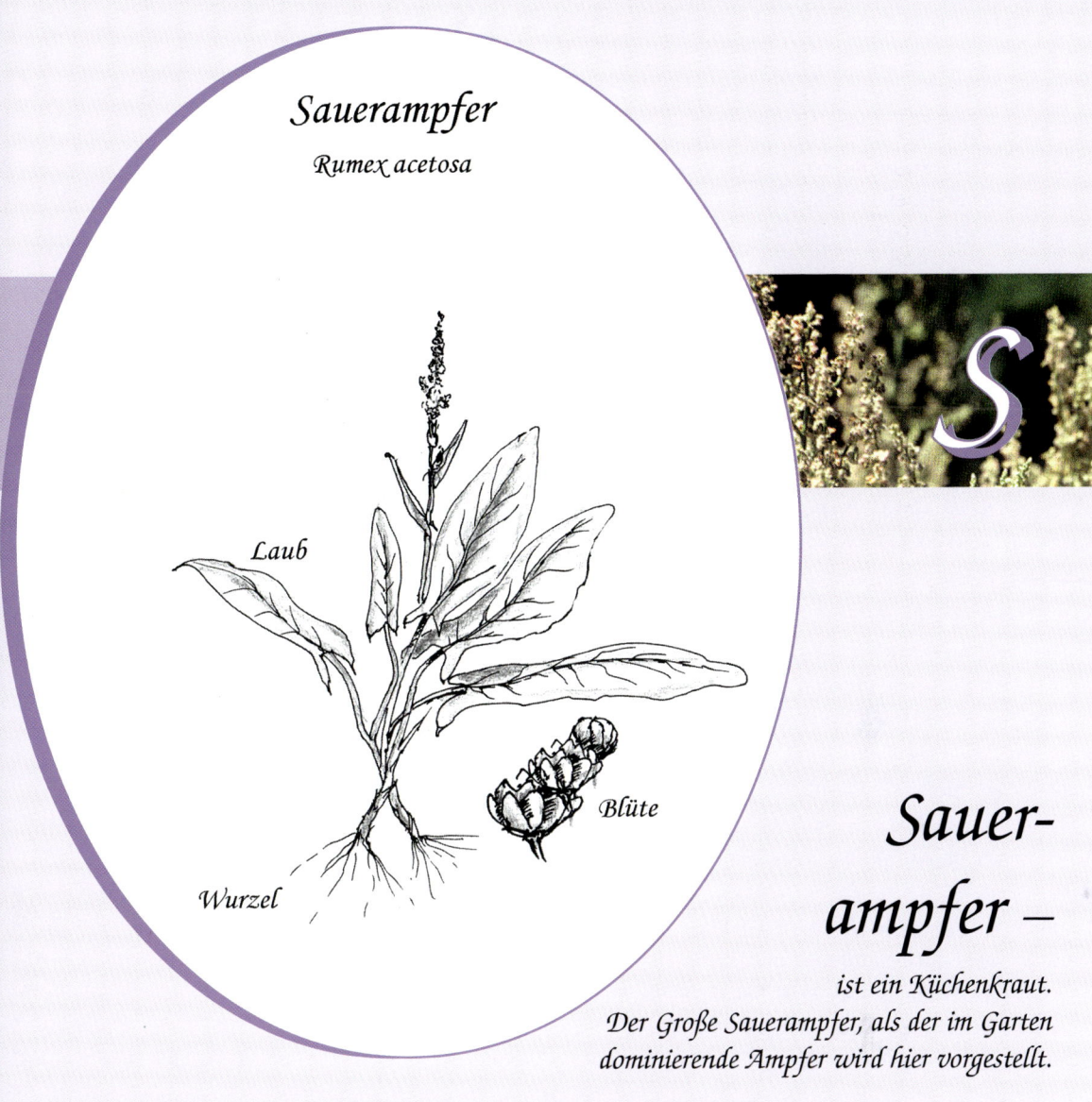

Sauerampfer

Rumex acetosa

Laub

Blüte

Wurzel

Sauer-ampfer –

ist ein Küchenkraut.
Der Große Sauerampfer, als der im Garten
dominierende Ampfer wird hier vorgestellt.

1. Namen

botanischer Name: **Rumex acetosa**

- Gartenampfer	- Roter Heinrich	- Sauerklee	- Sauerstängel
- Großer Ampfer	- Salatampfer	- Sauerknöterich	- Sättling
- Großer Sauerampfer	- Sauerampfel	- Sauerkraut	- Säuerling
- Haderlump	- Sauerblätter	- Sauerlump	- Wiesen-Ampfer
- Kuckuckskraut	- Sauergras	- Sauersenf	- Zauzompfer

2. Wichtige Charakteristiker

JÄHRIGKEIT	HÖHE	BLÜTENFARBE
mehrjährig	80 – 120 cm	blüht von Mai bis August weiß bis hellrot

3. Anbau

- Sauerampfer ist eine einheimische Wiesenpflanze
- Aussaat ab März ins Saatbeet mit 20 cm Reihenabstand (Lichtkeimer); Aussaat auch im August für das Folgejahr
- die schon nach 3 - 4 Tagen auftauchenden Keime auf 10 cm vereinzeln
- einfacher ist es, Pflanzen über Wurzelteilung zu gewinnen
- gedeiht in jedem Boden; sehr gut sind jedoch humus- und eisenhaltige, tiefgründige Lehm- und Tonböden
- gedeiht am besten an halbschattigen und schattigen Plätzen (bei zuviel Sonne werden die Blätter bitter)
- möchte einen mittelfeuchten Boden
- Blütentriebe wegschneiden
- am besten eine eigene Ecke im Garten geben, da Sauerampfer sich stark ausbreitet
- ist winterhart
- sollte alle 4 Jahre erneuert werden
- man kann ständig frische Blätter ernten (alte schmecken bitter), sollte aber das Herz der Pflanze schonen
- bei häufigem Pflücken treibt Sauerampfer sehr gut nach
- gut geeignet für Balkonkasten und Kübel aber auch zur Beeteinfassung im Garten
- es reichen 4 - 9 Pflanzen je Familie

4. Geschmack

- fein-säuerlich bis scharf-säuerlich
- herb-aromatisch bis leicht bitter

5. Verwendung in der Küche

Mit Plastikmesser (oder rostfreiem Messer) schneiden und nie in einem Eisentopf zubereiten ! Nur kurz ankochen !

5.1. Bereitung von Speisen und Getränken

- sehr gut zu Quark und Joghurt
- als Salat roh zubereitet mit Rosinen, aber auch zusammen mit Löwenzahn
- an Salate (grüner Salat, Gurkensalat)
- als Gemüse wie Spinat (Kochwasser einmal wechseln, um die Säure zu reduzieren)
- einige Blätter allein verbessern Spinat gewaltig
- an Kräutersuppen; sehr lecker ist Sauerampfer mit Sahne als Suppe; auch zur Kerbelsuppe hinzu
- würzt vorzüglich säuerlich Suppen aus Hühnerbrühe und Milch sowie Gemüsesuppen und Suppen aus Linsen, Gurken und Tomaten
- in helle Soßen
- Sauerampfer bildet die Basis der altenglischen grünen Soße, die zu Schweinebraten und Gans gereicht wird
- kurz in Butter gedünstet ergibt er ein leckeres Püree (nach dem Blanchieren); dieses Püree passt ausgezeichnet zu Lamm-, Kalb- und Schweinefleisch, Fisch, Eiern (speziell zu Omeletts)
- zu leckeren Fischgerichten
- ist Bestandteil der Kräutermischung, die man zum Füllen verwendet oder dem Fischsud zufügt
- für Diätkost geeignet

5.2. Welche Pflanzenteile werden verwendet ?

Nur junge zarte Blätter (bevor die Blüte beginnt) für rohe Verwendung auswählen

6. Haltbarmachung

- eignet sich nicht zum Trocknen
- am besten ist es, Sauerampfer im fertigen Gericht tief zu gefrieren
- gut kann man Sauerampfer in Butter andünsten und dann einfrieren

7. Bedeutung

Jeder Gartenfreund und jeder Hobbykoch sollte Sauerampfer anbauen.

Sauerampfer *(Rumex acetosa)*

Schnittlauch

Allium schoenoprasum

Blütenstadien

Einzelblüte

Schnittlauch –

ist ein Küchenkraut.

1. Namen

botanischer Name: **Allium schoenoprasum**

- Beestlauch	- Pankokenkraut	- Schnittling
- Binsenlauch	- Pfannenkuchenkraut	- Schnittzwiebel
- Graslauch	- Prieslauch	- Spaltlauch

2. Wichtige Charakteristiker

JÄHRIGKEIT	HÖHE	BLÜTENFARBE
mehrjährig	20 – 60 cm	blüht von Mai bis August von blassviolett über lila bis purpurrot

3. Anbau

- kann leicht aus Samen gezogen werden, die Aussaat erfolgt ab März ins Saatbeet
- keimt nach 14 - 21 Tagen
- später mehrere Pflänzchen zusammen auf 20 x 20 cm auspflanzen (in möglichst frischen Boden)
- schneller und einfacher ist es, im Frühjahr oder Herbst eine ältere Staude zu teilen
- wächst in jedem Gartenboden, liebt aber lockeren, schwach sauren bis kalkhaltigen Boden
- die Erde sollte nährstoffreich sein und sehr viel Humus enthalten
- gedeiht gleichermaßen an sonnigen und halbschattigen Plätzen
- benötigt einen feuchten Boden
- nicht zusammen mit *Estragon, *Minze, *Rosmarin oder *Salbei anbauen
- die Blüten abknipsen, damit die Pflanze ihre Kraft länger behält
- ist zwar winterhart, aber für den Winter in Blumentöpfe umpflanzen, zunächst kühl halten und dann ans Küchenfenster (besser zwischen Doppelfenster) stellen; dann braucht er alle 14 Tage flüssigen Dünger, damit die Spitzen nicht braun werden
- Schnittlauch sollte alle drei bis vier Jahre geteilt werden und einen neuen, wohlvorbereiteten Standort erhalten
- er kann den ganzen Sommer über geerntet werden; allerdings sollte man keine Pflanze zu sehr schwächen (am besten allen Pflanzen ab und zu eine Ruhepause gönnen)
- nicht tiefer als 5 cm über der Erde abschneiden ! (einige Autoren geben sogar vor, 1/3 stehen zu lassen)
- ist auch sehr gut in Töpfen und Balkonkästen zu ziehen
- da wir annehmen, dass unsere vierköpfige Familie nicht nur an den Wochenenden selbst kocht, sondern sich in der Woche auch die Abendmahlzeiten – oft mit Salat – selbst bereitet, dürfte sie schon -zig Schnittlauchpflanzen benötigen

4. Geschmack

- zart-würziger Zwiebelgeschmack
- angenehm erfrischend
- leicht scharf

5. Verwendung in der Küche

**Schnittlauch ist in der Küche fast universell zum Würzen von Speisen aller Art einsetzbar, insbesondere jedoch zu allen Gerichten, zu denen man auch *Zwiebeln nimmt !
Er sollte am besten frisch verwendet und nicht erhitzt werden.**

5.1. Bereitung von Speisen und Getränken

- delikat auf Butterbrot
- zu den verschiedensten Quarkspeisen
- zu Weichkäse
- sehr gut an alle Salate (besonders grüner Salat, Kartoffelsalat), aber auch an Fisch-, Gemüse- und Wurstsalat, Pilzsalat, Fleischsalat
- auch zu Kartoffeln
- passt auch zu gekochtem Gemüse, überraschenderweise auch zu Rote Beete
- über Suppen (Kräutersuppen) gestreut bessert er nicht nur deren Optik auf
- verfeinert helle Soßen, die grüne Soße und Remouladen
- zu Rindfleisch
- zu gekochtem und geräuchertem Fisch
- zu Eiern, besonders Rührei, Omelett und Eierkuchen
- an Fleischbrühe
- wichtiger Bestandteil vieler Marinaden

- Blätter (Stängel)   - Blüten

6. Haltbarmachung

- Schnittlauch lässt sich nur bedingt trocknen   - besser ist er einzusalzen
  (wird unansehnlich und fad)   - lässt sich jedoch gut tiefgefrieren

7. Bedeutung

Schnittlauch ist ein unverzichtbarer Bestandteil jedes Kräutergartens und auch jeder Koch
wird ihn verwenden.

Schnittlauch *(Allium schoenoprasum)*

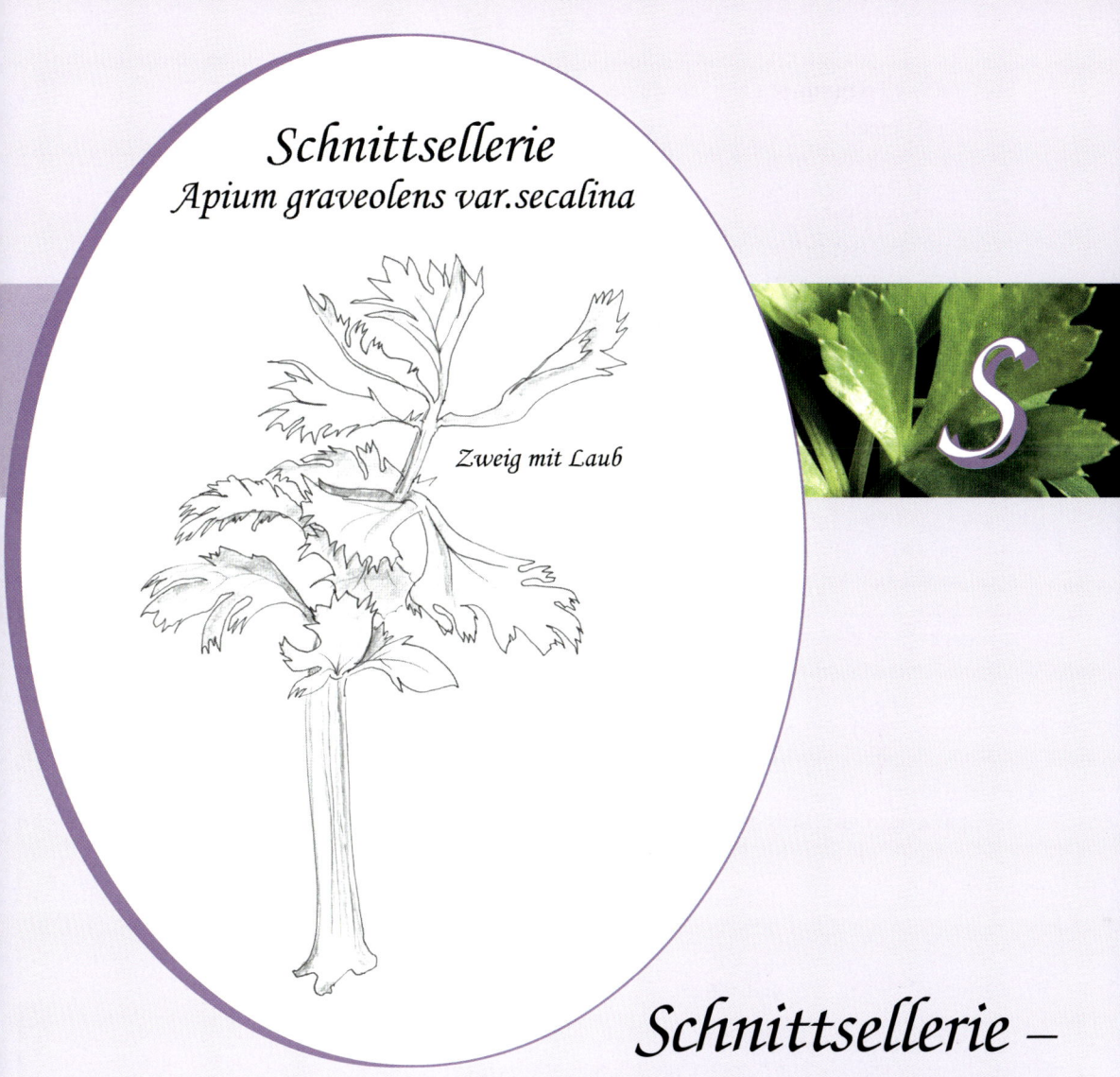

Schnittsellerie
Apium graveolens var.secalina

Zweig mit Laub

S

Schnittsellerie –

*ist ein Küchenkraut, wird jedoch
von einigen Fachbuchautoren zu den Gewürzen gezählt.
Man unterscheidet den Gewöhnlichen und den Krausblättrigen Schnittsellerie.
Dagegen sehen fast alle Autoren die hier nicht behandelten Zucht- und
Nutzungsformen Bleichsellerie und Knollensellerie als Gemüse an.*

1. Namen

botanischer Name: ***Apium graveolens var. secalina***

- Appich	- Eppich	- Mark	- Zeller
- Blattsellerie	- Epple	- Merk	- Zellerich
- Epf	- Geilwurz	- Suppenkraut	- Zellerie
- Epte	- Küchensellerie		

2. Wichtige Charakteristiker

JÄHRIGKEIT	HÖHE	BLÜTENFARBE
zweijährig wird aber meist nur einjährig gezogen	30 – 100 cm	blüht im zweiten Jahr von Juli bis September grünlichweiß

3. Anbau

- Aussaat ab März ins Frühbeet (Lichtkeimer); direkte Aussaat erst nach den Eisheiligen
- keimt in 21 - 28 Tagen; dann auf 4 x 4 cm pikieren
- ab Mitte Mai auf 20 x 20 cm auspflanzen, danach mit etwas Kochsalz düngen
- liebt nährstoffreiche, kalkhaltige Böden (am besten im Herbst mit Mist düngen)
- ein sonniger bis halbschattiger Platz ist günstig
- braucht bei Trockenheit viel Wasser, ansonsten mittlere Feuchtigkeit
- Schnittsellerie ist nicht ganz winterhart und sollte deshalb abgedeckt werden (wenn man sie nicht den Winter über im Keller in Sand hält)
- man sollte stets nicht mehr als zwei Blätter von einer Pflanze nehmen
- die Pflanze ist zwar zweijährig, aber im zweiten Jahr ungenießbar; man lässt sie nur weiter wachsen, wenn man ihre Samen gewinnen möchte
- Schnittsellerie ist für den Anbau in Töpfen und Kästen sehr gut geeignet
- der Bedarf für unsere Modellfamilie liegt bei 2 - 3 Pflanzen

4. Geschmack

- erdhaft-würzig mit leicht süßlichem Anklang
- die meisten Sorten haben eine gewisse Bitterkeit
- erinnert an *Petersilie (ist aber schärfer und bitterer)
- es besteht auch Ähnlichkeit mit *Liebstöckel
- die Samen sind bitter

5. Verwendung in der Küche

Schnittsellerie kann ähnlich wie die *Petersilie nahezu universell für fast alle Speisen verwendet werden. Nur kurz mitkochen, da das Selleriekraut sonst seinen feinen Geschmack verliert ! Auch als Garnitur wie *Petersilie sehr vielfältig verwendbar.

5.1. Bereitung von Speisen und Getränken

- Schnittsellerie wird häufig an alle Arten von Salat (besonders Kartoffelsalat) und Salatdressing genommen
- passt gut zu vielen Gemüsearten wie Auberginen, Bohnen und Linsen sowie Gurken und Zucchini, hat aber eine besondere Affinität zu Tomaten (sehr interessant sind Samen in Kohlgerichten !)
- er ist eines der wichtigsten Würzmittel für Suppen und Eintöpfe
- kommt aber auch an Soßen
- zum Pochieren von Fisch
- die Samen sind eine wichtige Zutat zum Bloody Mary Cocktail
- Marinaden, Dressings und Fischpasten geben Selleriesamen eine feine Würze und Schärfe
- Cracker, Partygebäck und Brot werden u.a. auch mit Selleriesamen gewürzt

5.2. Welche Pflanzenteile werden verwendet ?

- frische Sellerieblätter und Blattstiele
- Selleriesamen zählt man bisweilen zu den westlichen Gewürzen (ist in Selleriegewürz und Selleriesalz enthalten)

6. Haltbarmachung

- Blätter lassen sich gut trocknen, büßen allerdings einiges von ihrem Aroma ein
- Blätter und Stängel kann man sehr gut tiefgefrieren
- Samen halten sich in luftdichten Gefäßen gut

7. Bedeutung

Schnittsellerie darf als äußerst vielseitiges natürliches Würzmittel in keinem Garten und bei keinem Koch fehlen.

Schnittsellerie *(Apium graveolens var. secalina)*

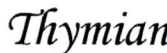

Thymian

Thymus vulgaris

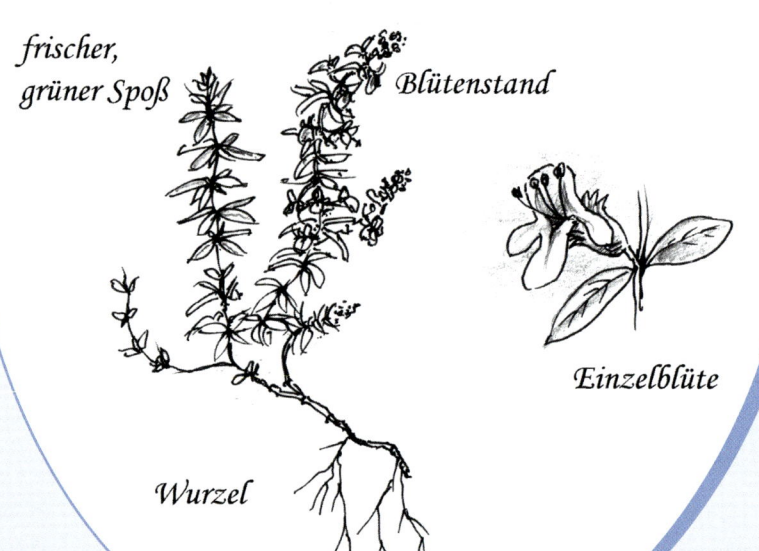

frischer,
grüner Spoß

Blütenstand

Einzelblüte

Wurzel

Thymian –

ist ein Küchenkraut.
Neben dem hier behandelten
Gartenthymian existieren sehr viele
Kultur- und Zierarten, von denen nur
der Kümmelthymian, der Orangenthymian
und der Zitronenthymian erwähnt werden

1. Namen

botanischer Name: **Thymus vulgaris**

- Chölm	- Immenkraut	- Küchenpolich	- Welcher Quendel
- Demut	- Jungfern-Demut	- Küchenwürze	- Wilder Thymian
- Echter Thymian	- Kranzelkraut	- Marienbettstroh	- Wurstkraut
- Feldkümmel	- Kunerle	- Römischer Quendel	- Zimis
- Feldthymian	- Kuttelkraut	- Spanisches Kudelkraut	- Zimmeslein
- Gartenthymian			

2. Wichtige Charakteristiker

JÄHRIGKEIT	HÖHE	BLÜTENFARBE
mehrjährig	20 – 40 cm	blüht von Mai bis Oktober von weiß über zartrosa, hell-lila und hellviolett bis dunkelviolett

3. Anbau

- Aussaat ab April oberflächlich angedrückt ins Freiland
- nachdem sich in 7 - 14 Tagen Keimlinge gebildet haben, pflanzt man diese auf 15 x 15 cm aus
- lässt sich aber leichter durch Stecklinge und Wurzelteilung vermehren
- liebt leichten, gut gelockerten, tiefgründigen, kalkhaltigen Boden mit geringem bis mittlerem Humusgehalt (Thymian braucht nur wenig Nährstoffe)
- Anbau in warmer, sonniger, windgeschützter und trockener Lage (mag keine feuchte Kälte)
- nicht zusammen mit *Estragon, *Minze, *Rosmarin oder *Salbei anbauen
- Kohl jedoch profitiert vom benachbarten Thymiananbau
- sollte im Herbst (nach der Blüte) zurückgeschnitten werden (Formschnitt), damit er im nächsten Frühjahr reich verzweigt und buschig wird (es darf aber nur 1/3 der Zweige zurückgeschnitten werden)
- überwintert unter Abdeckung in normalen Wintern gut
- nach 3 - 4 Jahren sollte neu angepflanzt werden
- empfohlen wird der Deutsche oder Winterthymian (weil er resistenter und ausdauernder ist als der Französische oder Sommerthymian)
- ab Beginn der Blüte können die oberen Pflanzenteile bis auf 8 cm abgeschnitten und getrocknet werden
- Ernte der Blätter und Zweige jederzeit während des Wachstums
- Haupternte zum Trocknen im Herbst kurz vor der Blüte (am besten mittags)
- an einem sehr sonnigen und luftigen Standort ist Thymian geeignet für Balkonkästen und Blumentöpfe mit lockerer Erde (1/3 Sand beimischen); ist im Haus nur bei besten Lichtverhältnissen zu ziehen
- der Bedarf liegt bei 2 - 3 Pflanzen

4. Geschmack

- stark würzig mit einer Note aus Gewürznelken, *Minze und Kampfer
- manchmal beißend scharf
- frischer Nachgeschmack

5. Verwendung in der Küche

Wegen der großen Würzkraft bitte nur sehr sparsam verwenden !
Thymian sollte am besten mitgekocht werden, damit er sein Aroma gut weitergeben kann !
Zusammen mit *Lorbeer und *Petersilie ist Thymian ein unverzichtbarer Bestandteil des *Bouquet garni. Er ist stets auch Bestandteil der Kräutermischung *Herbes de Provence, manchmal auch von *Fines herbes.
Insofern stellt Thymian für zahlreiche Speisen den geschmacklichen Hintergrund dar.

5.1. Bereitung von Speisen und Getränken

- wird für Kräuterbutter, Käse- und Quarkgerichte häufig verwendet
- mit *Majoran zusammen für Salate
- an Bratkartoffeln, Kartoffelsuppen und -salat
- für südländische Gemüsegerichte (besonders Tomaten-, Kürbis-, Auberginen- und Gemüse-Paprika)
- speziell für geschmorte Gemüsegurken

- gut geeignet für Suppen (Gemüsesuppe sowie Bohnen-, Erbsen-, Linsensuppe)
- an Braten-, Kräuter- und Tomatensoßen
- Schweinebraten, Kalb-, Wild- und Hammelbraten und andere fette Fleischgerichte werden besser verdaulich
- auch an Pasteten, Geflügelragouts, Nieren, Leberknödel und gebratene Leber sowie Hackfleischgerichte
- am besten passt Thymian aber zusammen mit Rotwein, *Zwiebeln, *Knoblauch und Branntwein zu solchen Fleisch-, Wild- und Geflügelgerichten, die langsam in einem irdenen Gefäß köcheln
- wichtigste Verwendung ist die Wurstherstellung
- darf an keinem Aalgericht fehlen

- zu Fisch und Meeresfrüchten
- zum Würzen von Omeletts
- wurde schon von den Römern zum Würzen von Wein verwendet
- gehört in aromatische Teemischungen
- an Pilzgerichte
- sehr gut auch zum Fettauslassen geeignet
- wie *Salbei wird auch Thymian für Füllungen benötigt
- an Bouillon sowie Fleischbrühe
- an Marinaden
- frische Zweige in Essig und Öl legen
- Würzmittel für sauer eingelegte Oliven
- auch zu Rohkostspeisen
- sehr gut zum Würzen vegetarischer Bratlinge
- Fruchtsalate und Konfitüren werden sehr schmackhaft, wenn man sie mit Thymian würzt

5.2. Welche Pflanzenteile werden verwendet ?

- die Blätter (frisch und getrocknet)

- Blüten zum Garnieren

6. Haltbarmachung

- lässt sich sehr gut luftig trocknen (der Geschmack lässt nur langsam nach)

- besser ist es, Thymian tief zu gefrieren
- lässt sich auch sehr gut in Essig und in Öl einlegen

7. Bedeutung

Thymian ist eines der wichtigsten europäischen Küchenkräuter.
Er sollte in keinem Garten und in keinem Küchenkräuter-Vorratsschrank fehlen.

Thymian *(Thymus vulgaris)*

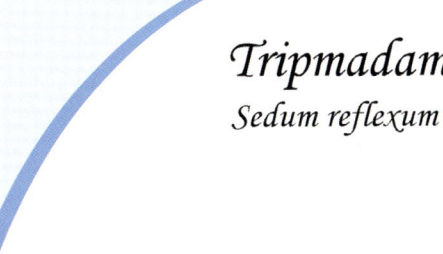

Tripmadam
Sedum reflexum

Blütenstand

Sproß

Wurzel

Tripmadam –

ist ein Küchenkraut.

1. Namen

botanischer Name: **Sedum reflexum**

- Felsenpfeffer   - Salat-Fetthenne   - Steinkraut

2. Wichtige Charakteristiker

JÄHRIGKEIT	HÖHE	BLÜTENFARBE
mehrjährig	15 – 30 cm	blüht von Juli bis August leuchtendgelb

3. Anbau

- Aussaat ab April ins Saatbeet
  (nur andrücken, nicht mit Erde bedecken)
- geht nach 14 - 16 Tagen auf
- auf 20 x 20 cm auspflanzen
- die Tripmadam ist einfacher durch
  Staudenteilung und Ableger zu gewinnen
- sandiger, magerer Boden ist günstig für
  Tripmadam; insofern akzeptiert er jede
  Gartenerde, trotzdem ist eine normale
  bis lockere Struktur angenehm
- gibt sich mit geringem Humusgehalt und
  wenig Nährstoffen auf neutralem Boden
  zufrieden
- der Boden sollte trocken bis frisch sein

(ist empfindlich gegen Staunässe)
- möchte einen vollsonnigen Platz haben
- bedeckt mit ihren Ausläufern bald den Boden,
  weshalb sie auch gut als Teppichstaude
  verwendet wird
- man kann das ganze Jahr hindurch junge
  Triebspitzen ernten
- die Pflanze sollte nicht zum Blühen kommen
- bleibt auch im Winter grün
- lässt sich gut im Balkonkasten oder in einem
  größeren Topf ziehen
- der Bedarf einer vierköpfigen Familie liegt
  bei 2 - 3 Pflanzen

4. Geschmack

säuerlich-frisch

5. Verwendung in der Küche

**Tripmadam wird gern mit anderen Küchengewürzkräutern gemischt.
Ihre Triebe werden (wie *Petersilie) gern als essbare Dekoration verwendet.**

**WARNUNG: Tripmadam nicht mit dem gelben Mauerpfeffer (der zur Erblindung
führen kann) verwechseln!**

5.1. Bereitung von Speisen und Getränken

- zusammen mit Butter sehr lecker
- für Salate
- für grünen Salat und Gemüsesalate nimmt
  man nur die zu Mus zerdrückten Blätter
- an junge Kartoffeln
- als Gemüse wie Spinat
- an Suppen (Kräuter- und Gemüsesuppe)
- bildet mit *Borretsch, *Melisse, *Pimpinelle,
  *Salbei, *Thymian und *Weinraute die

„7 Kräuter der Hamburger Aalsuppe"
- für Kräutersoßen
- in Kleinstmengen auch an Rindfleischgerichte
- bedeutsam für die französische Küche
- an Vinaigrette
- auch zur Herstellung von Kräuteressig
- ist eine ausgesprochene Rohkostwürze
- macht zusammen mit *Gartenkresse und
  *Schnittlauch alle Diätplatten schmackhafter

5.2. Welche Pflanzenteile werden verwendet ?

junge Blätter und Triebspitzen nicht blühender Zweige (aber nur frisch)

6. Haltbarmachung

- Tripmadam lässt sich nicht trocknen

- es wird nur das Einlegen in Essig zusammen
  mit anderen Würzkräutern empfohlen

7. Bedeutung

Der Gartenfreund oder Hobbykoch mit etwas mehr Interesse wird Tripmadam anbauen.

Tripmadam *(Sedum reflexum)*

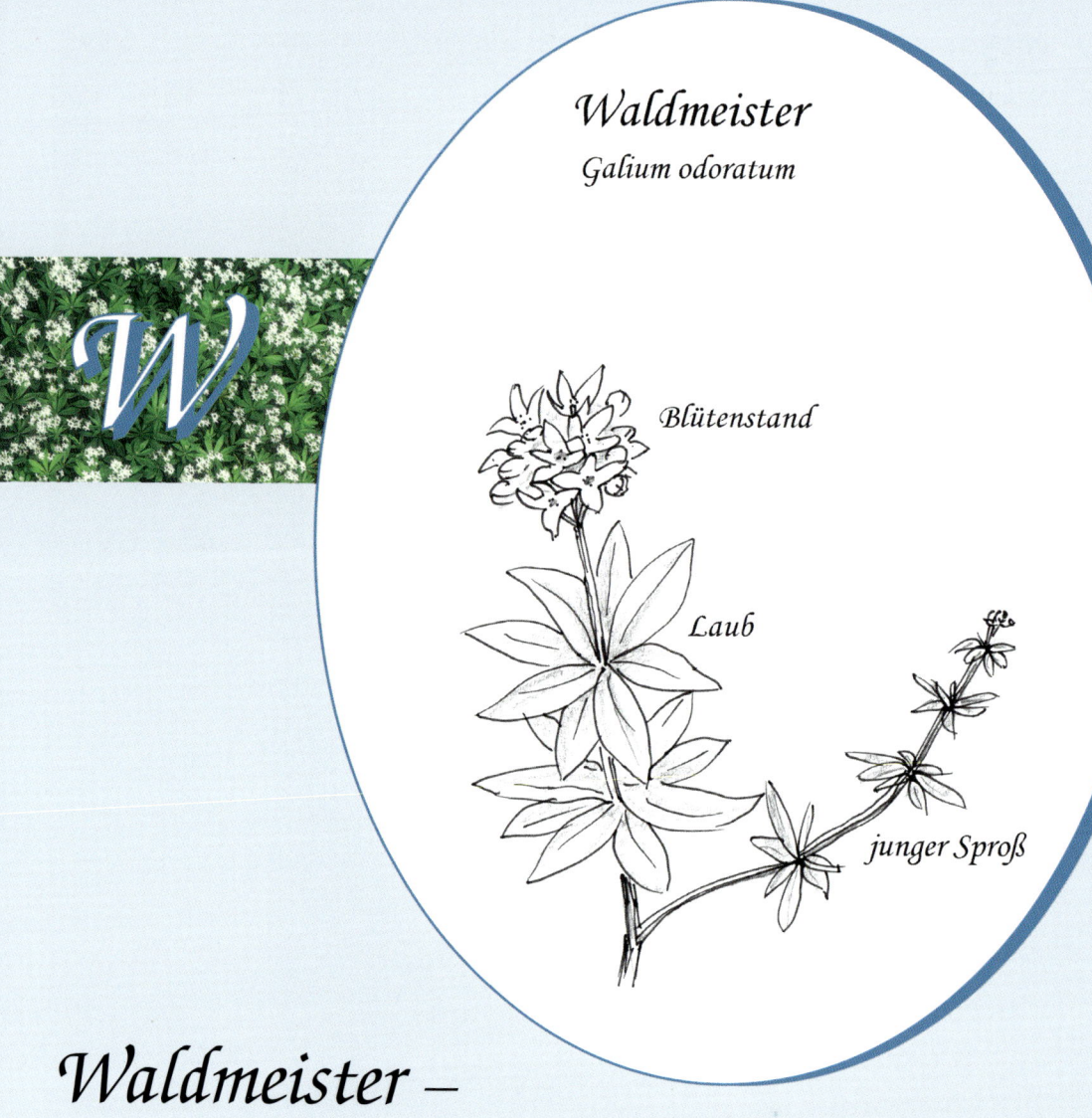

Waldmeister
Galium odoratum

Blütenstand

Laub

junger Sproß

Waldmeister –

ist ein Küchenkraut.

1. Namen

botanischer Name: **Galium odoratum**

- Echter Waldmeister
- Gliedkraut
- Halskraut
- Herzfreude
- Herzfreudli
- Herzfreund
- Leberkraut

- Magerkraut
- Maiblume
- Maienkraut
- Maier
- Maikraut
- Maitee
- Maitrank

- Maßlenkraut
- Mäschtee
- Meisch
- Meisterkraut
- Meserichkraut
- Mösch
- Möserich

- Sternleberkraut
- Tabakskraut
- Teekraut
- Waldhahnel
- Waldmannl
- Waldmännlein
- Weberkraut

2. Wichtige Charakteristiker

JÄHRIGKEIT	HÖHE	BLÜTENFARBE
mehrjährig	20 – 30 cm	blüht von April bis Juni blendendweiß

3. Anbau

- kann in freier Natur in kalkreichen Buchenwäldern große Bestände bilden
- im Kräutergarten ist er gut aus Samen zu ziehen, keimt aber sehr langsam
- auf 20 x 20 cm vereinzeln
- einfacher ist die Vermehrung durch Stecklinge oder mittels Wurzelteilung (nach der Blüte)
- ist anspruchslos, aber auch ein nährstoffreicher, gut humushaltiger und lockerer Boden ist ihm lieb
- dieser kann leicht sauer bis kalkhaltig sein
- liebt Schatten, möchte zumindest Halbschatten haben
- braucht einen halbfeuchten bis feuchten Boden
- ist winterfest, aber das Laub stirbt im Winter ab
- da die Ausläufer von Waldmeister stark wuchern, ist er sehr gut als Bodenteppich geeignet
- die frischen Blätter können jederzeit geerntet werden
- das Kraut wird vor der Blüte geschnitten und langsam schattig getrocknet
- Waldmeister ist nicht für den Anbau in Balkonkästen und Töpfen geeignet
- der Familienbedarf liegt bei 2 - 3 Pflanzen

4. Geschmack

- angenehm leicht bitter
- vanille- bis heuartig

5. Verwendung in der Küche

Waldmeisterblätter bitte nicht wie sonst bei Küchenkräutern allgemein üblich kleinhacken, sondern kurz in den Speisen ziehen lassen.
Er sollte ein bis zwei Tage vor der Verwendung gepflückt werden – so wird das Aroma intensiver (wenn die Blätter welken).

  WARNUNG: Nicht länger als 20 Minuten in Getränke einlegen, da sonst durch das enthaltene Cumarin Kopfschmerz ausgelöst wird !

5.1. Bereitung von Speisen und Getränken

- verfeinert Wein
- frisch für Maibowle (das junge Kraut wird mit Weißwein angesetzt und mit Zucker und evtl. Weinbrand abgeschmeckt) oder Waldmeisterbowle
- auch als Zusatz zu Limonaden und Säften (z.B. halbgetrockneten Waldmeister mit Apfelsaft ansetzen)
- wichtiger Bestandteil vieler aromatischer Kräutertees
- an Fruchtgetränke
- verfeinert Obstsalate und Eis
- frisch an Gebäck und Süßspeisen
- veredelt süße Suppen, Pudding und Kompott

5.2. Welche Pflanzenteile werden verwendet ?

- Blätter und Stiele
- Blüten zur Dekoration
- für Tee kann die ganze Pflanze verwendet werden

6. Haltbarmachung

- trocknen   - einfrieren

7. Bedeutung

Lediglich für Maibowle besitzt der Waldmeister herausragende Bedeutung;
ansonsten wird ihn nur ein Kräuterfan anbauen.

Waldmeister *(Galium odoratum)*

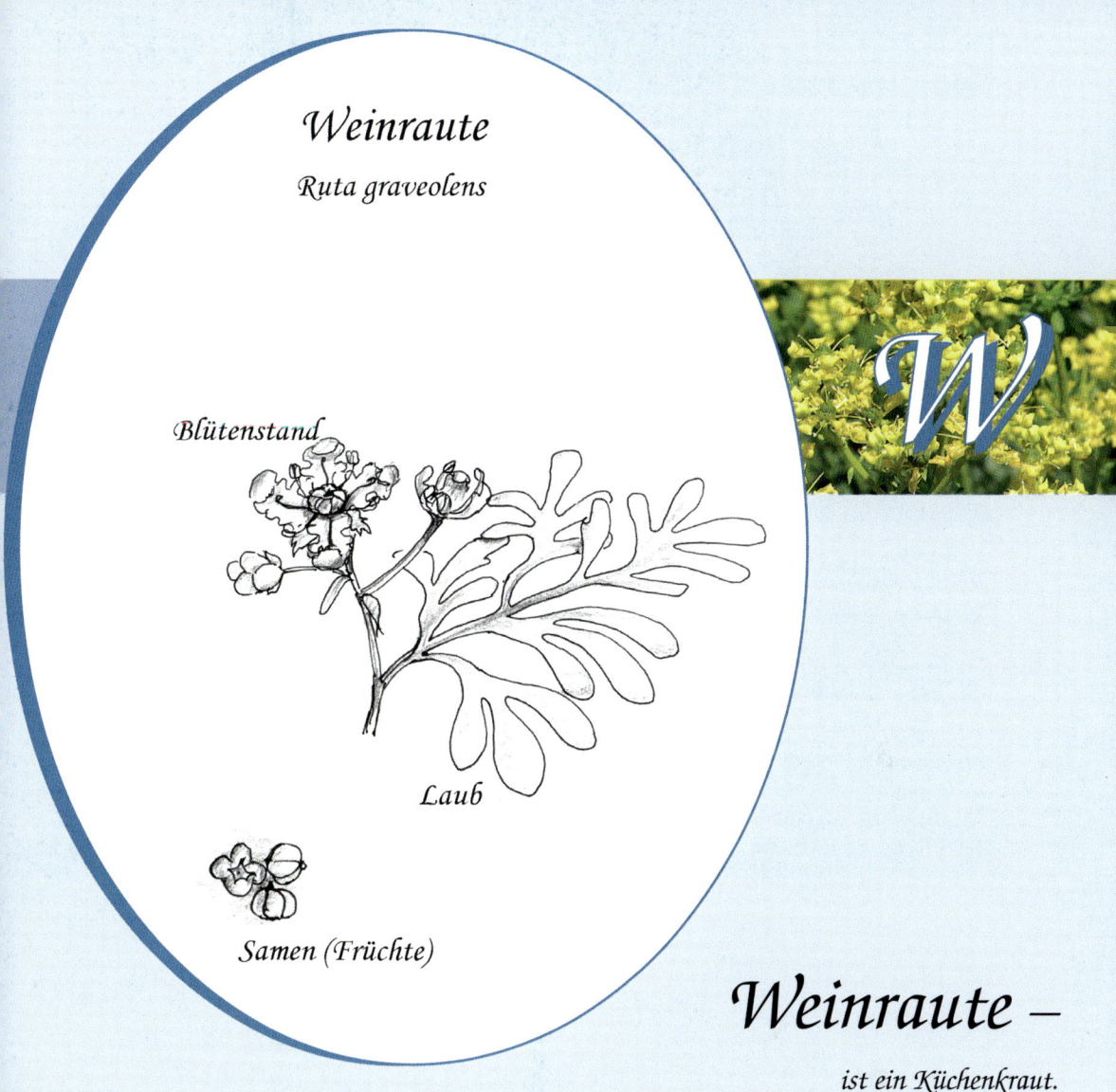

Weinraute
Ruta graveolens

Blütenstand

Laub

Samen (Früchte)

Weinraute –

ist ein Küchenkraut.

---

1. Namen

botanischer Name: **Ruta graveolens**

- Augenraute	- Hofraute	- Pfingstwurzel	- Weinkraut
- Drögblatt	- Krätzraute	- Raute	- Wenerz
- Edelraute	- Kreuzraute	- Totenkraut	
- Gartenraute	- Mauerraute	- Totenkräutel	

2. Wichtige Charakteristiker

JÄHRIGKEIT	HÖHE	BLÜTENFARBE
mehrjährig	60 – 100 cm	blüht von Juli bis September grünlichgelb

3. Anbau

- die Anzucht aus Samen ist nicht einfach
- Aussaat ab April ins Saatbeet
- auspflanzen auf 30 x 40 cm
- Weinraute lässt sich aber gut aus Ablegern ziehen (Ableger nicht nach Regenfällen und auch nicht bei starker Sonne nehmen; am besten immer Handschuhe verwenden)
- man kann die Weinraute auch durch Pflanzenteilung vermehren
- sie liebt lockeren durchlässigen kalkhaltigen bis neutralen und nährstoffarmen Boden
- braucht sonnige windgeschützte Lagen (wenigstens Halbschatten) mit viel Platz
- benötigt nur wenig Feuchtigkeit
- das Ausschneiden der Blüten fördert das Blattwachstum
- friert in strengen Wintern zurück, treibt aber im Frühjahr wieder aus (trotzdem besser mit Stroh schützen)
- im Frühjahr die Pflanze zurückschneiden (falls nicht alles abgefroren ist)
- der holzige verzweigte Wurzelstock lässt sich nur sehr schwer wieder ausgraben, wenn er einmal Fuß gefasst hat
- junge Blätter können ganzjährig geerntet werden
- die Blüten pflückt man bei ihrem Erscheinen (auch zum Trocknen)
- Samen sammeln
- Weinraute kann nicht gut in Balkonkästen, dafür aber in großen Kübeln gezogen werden
- eine Pflanze reicht für eine Familie

4. Geschmack

- eigenartiger intensiver herber bis äußerst bitterer Geschmack
- scharf
- moschusartig

5. Verwendung in der Küche

Weinraute wirkt appetitanregend.
Nicht jeder verträgt sie roh, deshalb sollte stets sparsam dosiert werden !
Auch wegen der starken Würzkraft sollte man nur äußerst sparsam mit ihr umgehen !

 WARNUNG : In größeren Mengen ist Weinraute giftig !
                Die Berührung der Pflanze kann allergische Reaktionen hervorrufen !
                Schwangere sollten ganz auf den Genuss von Weinraute verzichten,
                da sie Fehlgeburten auslösen kann !

5.1. Bereitung von Speisen und Getränken

- junge frisch gehackte Blätter auf Butterbrot
- für alle Käsegerichte
- macht Salate würziger (besonders gut geeignet für grünen Salat und Tomatensalat)
- Fans essen junge Blätter der Weinraute auch selbständig als Salat
- an Spinat und Wirsingkohl
- sehr fein dosiert verleiht die Weinraute Suppen und Soßen einen besonderen Pfiff
- eine köstliche Fleischsoße wird aus Pflaumen und Wein zusammen mit Weinraute bereitet
- in bescheidenster Menge als Würze für Fleischgerichte geeignet
- feingewiegt an Pasteten und helles Fleischragout, aber auch an Hammel
- an Fischgerichte (insbesondere Hamburger Aalsuppe und Kochfisch)
- verleiht Eierspeisen einen ungewöhnlichen Geschmack
- Weinraute wurde früher dem herben englischen Würzwein beigefügt
- eignet sich sehr gut als Zutat zu Gemüsesaft-Cocktails
- heute wird Weinraute klassisch dem italienischen Traubenschnaps Grappa hinzugefügt (der häufig in Grappaflaschen

enthaltene Zweig stammt von der Weinraute)
- zu Pilzgerichten

- sollte in keinem Kräuteressig fehlen
- zum Einlegen von Gurken und grünen Tomaten

5.2. Welche Pflanzenteile werden verwendet ?

- getrocknete und zerriebene Blätter

- Samen zusammen mit *Liebstöckel und *Minze an Marinaden

6. Haltbarmachung

trocknen

7. Bedeutung

Der interessierte Hobbygärtner und Hobbykoch wird Weinraute anbauen.

Weinraute *(Ruta graveolens)*

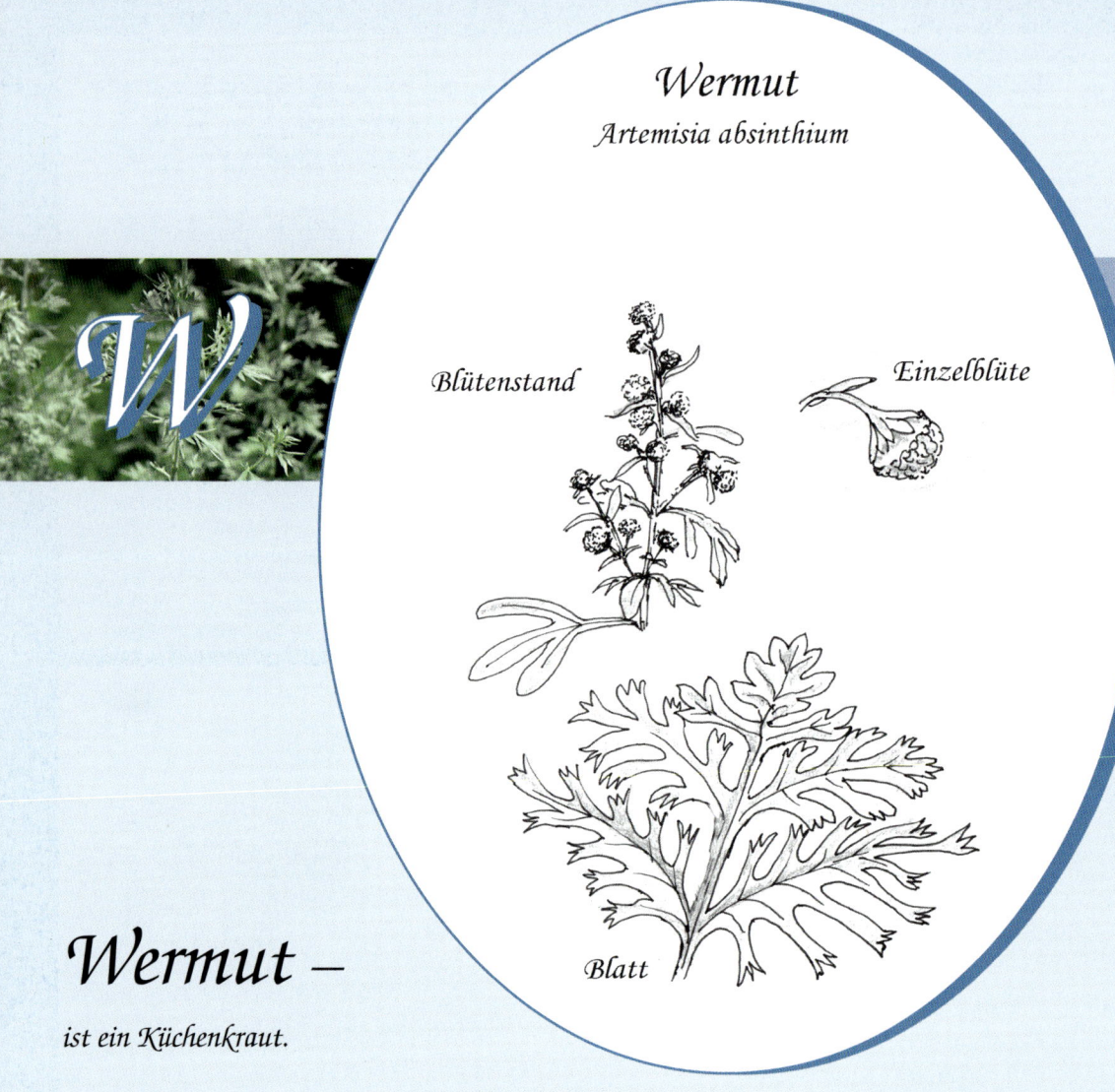

Wermut
Artemisia absinthium

Blütenstand　　　*Einzelblüte*

Blatt

Wermut –

ist ein Küchenkraut.

1. Namen

botanischer Name: ***Artemisia absinthium***

- Absinth	- Bitterer Beifuß	- Magenkraut	- Wurmkraut
- Alsa	- Elsenkraut	- Mottenstock	- Wurmtod
- Alsam	- Gottvergiß	- Wermot	- Würmerkraut
- Birmet	- Grabenkraut	- Wiegenkraut	
- Bitterals	- Hilligbitter	- Wirmat	

2. Wichtige Charakteristiker

JÄHRIGKEIT	HÖHE	BLÜTENFARBE
mehrjährig	60 – 150 cm	blüht von Juli bis August gelblich

3. Anbau

- Aussaat im Frühjahr ins Saatbeet
- keimt nach 14 Tagen
- auf 50 x 50 cm auspflanzen (der Strauch kann riesige Ausmaße annehmen)
- lässt sich einfacher aus Stecklingen ziehen
- ist völlig anspruchslos, entwickelt aber das beste Aroma auf kalkreichem Boden
- der Boden sollte durchlässig und nährstoffarm sein
- liebt die volle Sonne, gedeiht aber auch im Halbschatten
- ihm reicht ein mitteltrockener Boden (mag keine stauende Nässe)

- in der Nähe von Wermut kümmern andere Pflanzen, deshalb setzt man ihn an einen separaten Platz (der Regen wäscht aus seinen Blättern ein wachstumshemmendes Gift aus); Wermutabfälle sollten auch nicht auf dem Kompost landen
- ist mäßig winterhart
- die frischen Blätter können ständig geerntet werden, aber kurz vor der Blüte hat Wermut sein stärkstes Aroma
- ist sehr gut geeignet für Töpfe, weniger für den Balkonkasten
- zwei bis drei Pflanzen reichen je Familie

4. Geschmack

herbbitter, aber auch würzig-bitter

5. Verwendung in der Küche

Wermut sollte nur in kleinsten Mengen verwendet werden. Man kocht ihn mit!

5.1. Bereitung von Speisen und Getränken

- für Sommersalate nur die Schüssel mit Wermutblättern ausreiben
- an deftige Rübeneintöpfe
- in Minimengen zur Verfeinerung fetter Speisen
- unentbehrlich bei fettem Fleisch (wie Eisbein, Schweinebauch) Hammel und Wildschweingerichten

- zusammen mit *Beifuß für Gänse- und Entenbraten
- Zubereitung von Likör und Wermutwein
- aber auch Wein lässt sich mit einem Wermutzweig würzen
- in den Martini gehört für viele ein Wermutblatt
- Füllungen

5.2. Welche Pflanzenteile werden verwendet ?

- junge Blätter und Triebspitzen
- notfalls werden die in der Blüte geschnittenen

ganzen Stiele nach Entfernen der holzigen Teile verwendet

6. Haltbarmachung

trocknen und in fest verschlossenen Gläsern aufbewahren

7. Bedeutung

Nur an Küchenkräutern sehr Interessierte bauen Wermut an.

Wermut *(Artemisia absinthium)*

Ysop

Hyssopus officinalis

Blütenstand

Wuchshabitus

Ysop –

ist ein Küchenkraut.

1. Namen

botanischer Name: **_Hyssopus officinalis_**

- Bienenkraut
- Eisenkraut
- Eisewig
- Eisewitt
- Eisop
- Gartenispen

- Gispel
- Hyssop
- Ibsche
- Ipsenkraut
- Isop

- Ispen
- Joseph
- Josop
- Kirchenseppli
- Kirchenysop

- Klosterysop
- Pfefferkraut
- Weinespe
- Ysopkraut

2. Wichtige Charakteristiker

JÄHRIGKEIT	HÖHE	BLÜTENFARBE
mehrjährig	30 – 60 cm	blüht von April bis August königsblau (in Abarten weiß bis rosa)

3. Anbau

- Aussaat im späten Frühjahr in Reihen von 30 cm (nur wenig mit Erde bedecken)
- keimt nach 14 Tagen
- vereinzeln auf 25 cm
- einfacher ist es, mit Stecklingen und durch Teilung neue Pflanzen zu erzielen
- verträgt keinen frisch gedüngten Boden; möchte lockere, kalkhaltige Gartenerde haben
- bevorzugt aber leichten, sandigen, durchlässigen und mitteltrockenen Kalkboden
- liebt sonnige, trockene Lagen (verkümmert bei Staunässe)
- gilt als Mittel zur Abwehr von Blattläusen, Schnecken und Raupen im Garten
- ist zwar winterfest, benötigt aber in unseren Breiten im Winter Frostschutz
- muss alle 3 - 4 Jahre erneuert werden
- es können ständig junge Triebe und Blätter geerntet werden
- Blüten sollten sofort nach dem Öffnen geerntet werden
- zum Trocknen sollte das Kraut während der Blütezeit geschnitten werden (Pflanze komplett eine Handbreit über dem Boden abschneiden)
- Ysop kann in einem größeren Gefäß gut im Haus gezogen werden, ist auch im Garten als Einfassungspflanze sehr beliebt
- zwei bis drei kleine Büsche reichen je Familie

4. Geschmack

- pfeffrig
- herb-scharf und etwas bitter
- leicht minzig
- erinnert auch an *Thymian

5. Verwendung in der Küche

Ysop bitte nur sparsam verwenden.

5.1. Bereitung von Speisen und Getränken

- zu Quark, Käse und Kräuterbutter
- an Salate (bes. Kartoffelsalat) und für Fleisch-, Sellerie- und Tomatensalat
- zu allen Hülsenfrüchten
- an rohe Tomaten und alle anderen Tomatengerichte
- an Suppen (Gemüsesuppe, Bohnensuppe, Kartoffelsuppe)
- gern auch an Eintopf
- Ysop ist gut zu allen fetten Speisen zu geben
- er wird wie Pfeffer sparsam zu Fleisch- und Fischgerichten verwendet
- in die Haut von Wild reiben
- zu gebratener Ente und Gans
- zu Rinderroulade, Hammel und Schweine-
braten, aber auch zu Kaninchenpastete, Nieren, Leberklößen und Fleischragouts
- für kalte Fleisch- und Wurstplatten
- an gefüllte Eier
- wie *Waldmeister an Bowlen
- zu Kräuterwein
- zur Likörherstellung
- an Salatmarinaden, besonders für grünen Salat
- an Rohkostplatten
- wird gern in der Diätküche verwendet
- zu vegetarischen Gerichten
- 1/4 Teelöffel unter die Kruste von Pfirsich- und Aprikosenkuchen
- zusammen mit Preiselbeeren an Fruchtsalate

5.2. Welche Pflanzenteile werden verwendet ?

- Blätter und Triebe (jung und feingehackt)
- frisches und getrocknetes Kraut
- Blüten für Salate

6. Haltbarmachung

Junge Blätter und blühende Spitzen trocknen und sofort danach in gut verschlossene Gläser geben.

7. Bedeutung

Ysop ist heute kein Küchenkraut des Alltags mehr; nur Kräuter-Fans bauen ihn an.

Ysop *(Hyssopus officinalis)*

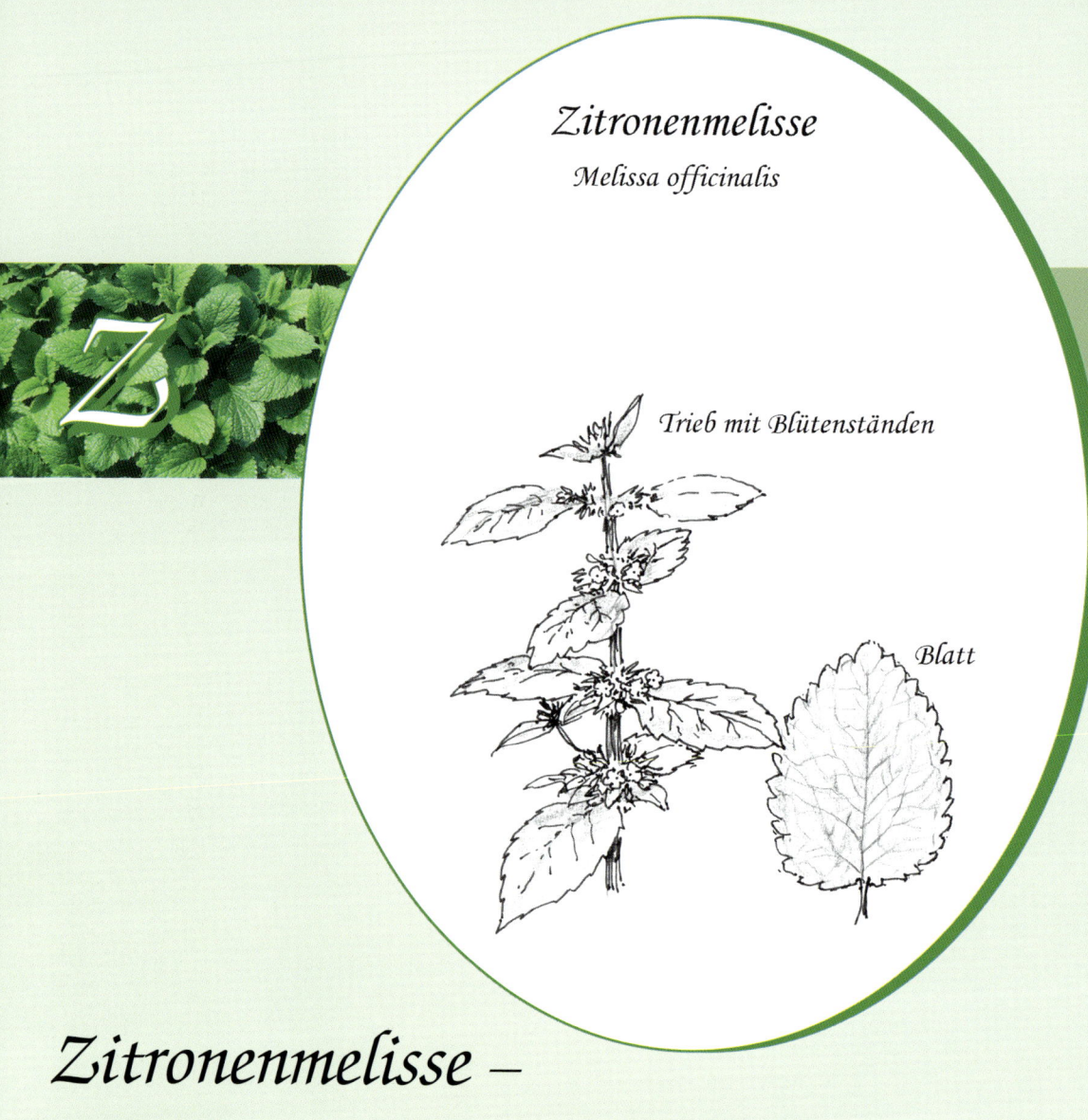

Zitronenmelisse

Melissa officinalis

Trieb mit Blütenständen

Blatt

Zitronenmelisse –

ist ein Küchenkraut.

1. Namen

botanischer Name: **Asperula odorata**

- Balsam-Melisse
- Bienenfang
- Bienenkraut
- Billerkraut
- Darmgichtkraut
- Englische Brennnessel
- Englische Melisse

- Frauenkraut
- Frauenwohl
- Gartenmelisse
- Grassspiritus
- Hasenohr
- Herbstkraut
- Herzbrot

- Herzenstrost
- Herzkraut
- Honigblume
- Honigkraut
- Immenblatt
- Limonikraut
- Melisse

- Mutterkraut
- Muttertee
- Pfaffenkraut
- Römische Melisse
- Spanischer Salbei
- Wanzenkraut
- Zitronenkraut

2. Wichtige Charakteristiker

JÄHRIGKEIT	HÖHE	BLÜTENFARBE
mehrjährig	60 – 100 cm	blüht von Juli bis September anfangs weißlich bis hellgelb und hellblau

3. Anbau

- Aussaat im April ins schattige Frühbeet
- keimt in 25 - 30 Tagen
- auf 30 x 30 cm auspflanzen
- Vermehrung durch Stecklinge geht schneller; auch Pflanzenteilung ist möglich (aber diese Pflanzen sollten schon 3 Jahre alt sein)
- am besten auf sandiger, humusreicher und leicht lehmiger Gartenerde
- auch Dünger bekommt ihr gut
- Anbau in windgeschützter, halbschattiger Lage (ist empfindlich gegen pralle Sonne)
- möchte mittelfeuchten Boden haben (ist gegen stauende Nässe empfindlich)
- am besten eine eigene Ecke im Garten geben, da alle Melissen sich stark ausbreiten
- lockt Bienen an und duftet angenehm nach Zitrone
- ist nicht ganz winterhart, deshalb durch angehäufelte Erde oder Tannenreisig schützen

- sollte alle 3 Jahre neu angesetzt (geteilt) und verpflanzt werden
- das Kraut wird kurz vor der Blüte geschnitten und getrocknet
- wenn die Blütenstände nicht rechtzeitig abgeschnitten werden, gibt es im nächsten Jahr massenhaft Zitronenmelisse im Garten
- eine gute Ernte ist erst ab dem 2. Jahr möglich: die Blätter kann man dann jederzeit ernten (der Geschmack ist jedoch in der Zeit am besten, wenn sich die Blüten öffnen)
- kleine Pflanzen lassen sich gut im Haus ziehen, wenn ihr Gefäß nicht zu flach ist (muss aber für das nächste Jahr neu angeschafft werden); Tipp: 3 - 4 junge Pflanzen zusammen setzen, sie bilden dann einen schönen Busch
- bei Zitronenmelisse reichen 2 - 3 Pflanzen für eine Familie

4. Geschmack

- stark würzig
- erfrischender minziger Zitronengeschmack

5. Verwendung in der Küche

Zitronenmelisse kann als frisches Kraut allen Speisen zugesetzt werden, zu denen sonst Zitronen verwendet werden !
Sie gibt vielen salzigen Speisen einen typischen Zitronengeschmack !
Melisse nie mitkochen !

5.1. Bereitung von Speisen und Getränken

- an Kräuterquark und Majonäse
- alle Salate gewinnen mit Zitronenmelisse an Geschmack
- zu Fruchtsalaten
- zu Gemüse (besonders Mangold und Sauerkraut)
- an Kräutersuppen
- an Obst- bzw. Fruchtsuppen

- an weiße Soßen (zu Fisch), aber auch an Kräuter- und Tomatensoße (englische Minzsoße zu gebratenem Lamm)
- an Fleischgerichte (besonders Schweinefleisch, Wild und Geflügel)
- an Fischgerichte (gebraten, gekocht, Salzhering)
- an Eierspeisen

- würzt Fruchtsaft, Wein, Kräuterlikör, Bowlen und viele andere Getränke
- überzuckerte Minzblätter sind eine hübsche Garnitur für eisgekühlte Getränke
- für Melissentee frische Blätter aufgießen oder sie dem Schwarztee hinzufügen (auch sehr gut zusammen mit *Pfefferminzblättern) und mit Honig süßen

- Zitronenmelisse ist in der mediterranen Küche unverzichtbar
- zusammen mit *Estragon an Essig
- zum Einlegen von Gurken
- an Pilzgerichte
- an Gelees und Pudding (aber auch für Melissengelee aus dem Saft der Blätter)
- auch an Milchspeisen, Fruchtsuppen und -salate

5.2. Welche Pflanzenteile werden verwendet ?

Blätter (frisch und getrocknet)

6. Haltbarmachung

- von dem getrockneten Kraut werden die Blätter abgestreift und dann licht- und luftdicht verschlossen aufbewahrt (würzen aber nicht so gut wie frische Blätter)

- beim Einfrieren bleiben die ätherischen Öle besser wirksam
- man kann Zitronenmelisse auch in Alkohol einlegen

7. Bedeutung

Leider bauen nur etwas mehr an Küchenkräutern Interessierte Zitronenmelisse in ihrem Garten an – dabei gehört sie zu unseren besten Küchenkräutern !

Zitronenmelisse *(Melissa officinalis)*

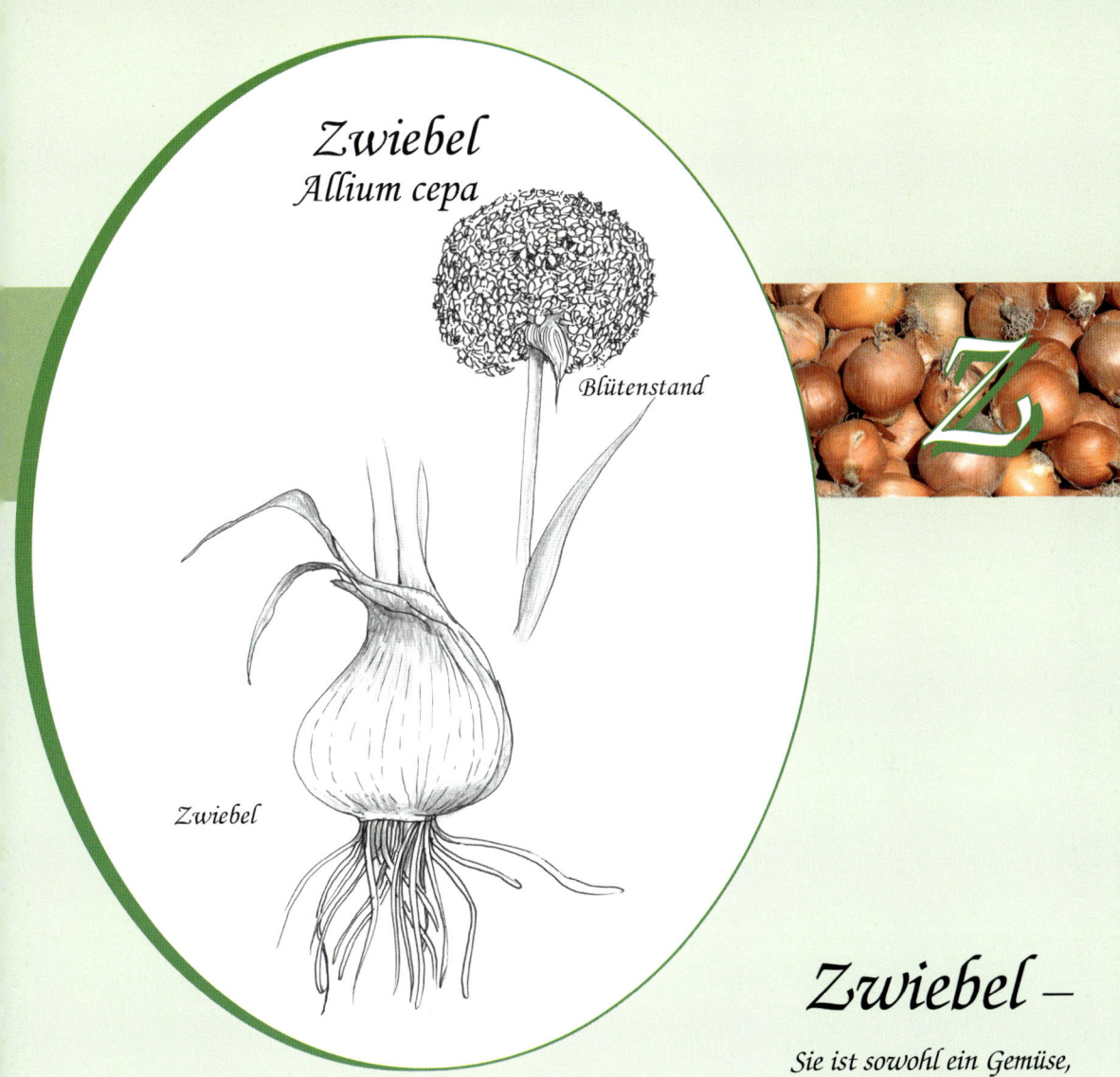

Zwiebel
Allium cepa

Blütenstand

Zwiebel

Zwiebel –

Sie ist sowohl ein Gemüse,
als auch ein Küchenkraut.
Von einigen Autoren wird sie auch
als Gewürz bezeichnet. Neben der hier behandelten
Küchen- oder Speisezwiebel unterscheidet man die
Etagen- oder Luftzwiebel und die Winterheckzwiebel;
insgesamt gedeihen auf der nördlichen Halbkugel etwa 300 Arten.

1. Namen

botanischer Name: ***Allium cepa***

- Bolle	- Oellig	- Sipel	- Zipolle
- Bölle	- Oje	- Speisezwiebel	- Zippel
- Küchenzwiebel	- Sommerzwiebel	- Zibel	- Zwifl

2. Wichtige Charakteristiker

JÄHRIGKEIT	HÖHE	BLÜTENFARBE
Zwiebeln werden üblicherweise als einjährige Pflanzen angebaut (viele der hier nicht behandelten Sorten sind mehrjährig)	60 – 80 cm	blüht von Juni bis August weiß bis grünlichweiß

3. Anbau

- Vermehrung durch Aussaat oder Steckzwiebeln
- ab März Aussaat ins Freiland in Reihen von 20 cm Abstand
- keimt nach 10 - 21 Tagen; später auf 5 - 10 cm pikieren
- schneller ist man mit Steckzwiebeln, die im April in Reihen von 20 cm Abstand (in 15 cm Entfernung) gepflanzt werden
- sehr günstig ist der Anbau Mischkultur mit Salat, Erdbeeren oder Möhren
- die Zwiebel liebt sonnige, humusreiche (nicht frisch gedüngte!) Lagen
- der Boden darf eher trocken als staunass sein

- Zwiebellauch kann laufend geschnitten werden, wenn die Pflanzen kräftig genug sind
- Ernte der Knollen ab August (wenn das Laub braun wird und umknickt); dann zum Trocknen aufhängen
- Zwiebeln kann man durchaus in Balkonkästen und Töpfen ziehen
- eine vierköpfigen Familie kommt mit ihrem Bedarf an Zwiebellauch und Jungzwiebeln mit -zig Pflanzen während des Wachstums aus, vertilgt in der Regel aber Hunderte von Zwiebeln in einem Jahr

4. Geschmack

- scharf
- beißend-würzig

- bittersüß

5. Verwendung in der Küche

Die Zwiebel ist wohl das vielseitigste Küchen-Kraut. Sie wird gekocht, gebraten, gebacken und glasiert.
Durch den Kochprozess wird sie süßlich-mild.

5.1. Bereitung von Speisen und Getränken

- die Verwendung von Zwiebeln ist so vielseitig, dass hier im wesentlichen nur Speisegruppen angegeben werden können :
- zu Brotbelag und Quark
- zu Salat
- zu Kartoffeln
- zu Gemüse (auch selbst als Gemüse)
- zu Suppen (besonders bekannt ist die französische Zwiebelsuppe)
- zu Soßen

- zu Fleisch
- zu Fisch
- in der chinesischen und japanischen Küche wird vorwiegend die schlanke Frühlingszwiebel verwendet
- zu Pilzen
- Einlegen kleiner Zwiebelchen in Gewürzessig
- zu Aufläufen
- auch in Quiches oder Blechkuchen

5.2. Welche Pflanzenteile werden verwendet ?

- das Zwiebellauch

- die Knolle

6. Haltbarmachung

- die reife trockene Zwiebel kann man monatelang lagern
- man kann Zwiebeln trocknen (auch in Flocken- und Pulverform bringen und verwenden)
- auch als Püree zusammen mit Salz lässt sich die Zwiebelknolle haltbar machen

7. Bedeutung

Die Zwiebel ist auf der ganzen Welt verbreitet. In Deutschland ist sie das bekannteste und beliebteste Küchen-Kraut (Gemüse/Gewürz).

Zwiebel *(Allium cepa)*

Tabelle I: Wichtige Charakteristika

KÜCHENKRAUT	WICHTIGE CHARAKTERISTIKA			
	JÄHRIGKEIT	HÖHE (IN CM)	BLÜTEZEIT	BLÜTENFARBE
Angelika	2	120 - 250	Juni - August	cremeweiß bis grünlich
Anis	1	50 - 60	Juli und August	gelb bis gelblichweiß
Bärlauch	mehrj. *	30 - 60	(Ende) März - Juni	reinweiß
Basilikum	1	15 - 60	Juli - September	cremig-weiß bis purpurrot
Beifuß	mehrj.	60 - 250	August - September	gelb bis rostbraun
Beinwurz	mehrj.	50 - 150	Mai - August	rosa bis zartbraun; weiß bis gelblich
Bohnenkraut	1	30 - 40	Juli - September	zart blau bis hellrosa und weiß; weinrot bis violett
Borretsch	1	40 - 100	Juni - Oktober	blau bis rosa; weiß
Brennnessel	mehrj.	60 - 150	Mai - Oktober	hellgrün bis weißlich-gelb
Dill	1	60 - 150	Juni - September	dottergelb
Estragon	mehrj.	60 - 100	Juli - September	weiß-gelblich bis grau-grün; grünlich-weiß
Fenchel	2 - mehrj.	80 - 120	Juli - Spetember	gelb (erst im 2. Jahr)
Gartenkresse	1	30 - 50	Juni - August	weiß-rosa
Hopfen	mehrj.	300 - 800	Juli - September	grün-gelb
Kapuzinerkresse	1	20 - 30	Juni - September	rot, gelb und orangefarben
Kerbel	2	30 - 50	Mai - Juli	weiß
Knoblauch	1 - mehrj.	60 - 100	Juni - September	rötlich bis weiß
Koriander	1	60 - 70	Juli - September	weiß; schwach rosa bis violett
Kümmel	1 - mehrj.	60 - 100	Mai - Juli	weiß bis cremeweiß
Lavendel	mehrj.	50 - 90	Juli - August	blau und purpurrot bis violett; weiß
Liebstöckel	mehrj.	60 - 200	Juni - August	grünlichgelb
Lorbeer	mehrj.	100 - 200	April - Mai	zartgelb bis cremefarben oder weiß
Majoran	1 - mehrj.	30 - 40	Juli - September	weiß über rötlich bis purpur
Meerrettich	mehrj.	60 - 120	Mai - Juli	weiß

KÜCHENKRAUT	WICHTIGE CHARAKTERISTIKA			
	JÄHRIGKEIT	HÖHE (IN CM)	BLÜTEZEIT	BLÜTENFARBE
Minze	mehrj.	10 - 100	Juli - September	weiß oder rosa bis violett
Oregano	mehrj.	30 - 80	Juli - Oktober	rosa bis dunkellila; weiß
Petersilie	1 - 2	40 - 100	Juni - August	blassgelb bis grün (im 2. Jahr)
Pimpinelle	mehrj.	35 - 80	Juni - September	rötlich-grün
Portulak	1	30 - 60	Mai - Oktober	gelblich; weiß bis tiefrot
Rainfarn	mehrj.	80 - 120	Juli - September	goldgelb
Ringelblume	1	50 - 60	Juni - Oktober	strahlend-gelb bis leuchtend-goldorange
Rosmarin	mehrj.	60 - 150	März - Mai	weiß über blassblau und blauviolett bis rosa
Salbei	mehrj.	60 - 80	Juni - August	lila bis blauviolett
Sauerampfer	mehrj.	80 - 120	Mai - August	weiß bis hellrot
Schnittlauch	mehrj.	20 - 60	Mai - August	blassviolett über lila bis purpur
Schnittsellerie	2	30 - 100	Juli - September	grünlichweiß (im 2. Jahr)
Thymian	mehrj.	20 - 40	Mai - Oktober	weiß über zartrosa, hell-lila + hellviolett bis dunkelviolett
Tripmadam	mehrj.	15 - 30	Juli - August	leuchtendgelb
Waldmeister	mehrj.	20 - 30	April - Juni	blendendweiß
Weinraute	mehrj.	60 - 100	Juli - September	grünlichgelb
Wermut	mehrj.	60 - 150	Juli - August	gelblich
Ysop	mehrj.	30 - 60	April - August	königsblau
Zitronenmelisse	mehrj.	60 - 100	Juli - September	weißlich bis hellgelb und hellblau
Zwiebel	1	60 - 80	Juni - August	weiß bis grünlichweiß

* mehrj. = mehrjährig

Tabelle II: Anbau, Pflanzenbedarf und Bedeutung

KÜCHENKRAUT	ANBAU IST MÖGLICH IM [1]		PFLANZENBEDARF JE FAMILIE [2]	BEDEUTUNG [3]
	KÜBEL	BALKONKASTEN		
Angelika			1	* *
Anis	(X)		2 - 3	* *
Bärlauch			10 - 20	* *
Basilikum	X	X	2 - 3	* * * * *
Beifuß	X	(X)	2 - 3	* * * * *
Beinwurz			1	*
Bohnenkraut	X	X	2 - 3	* * * *
Borretsch			2 - 3	* * * *
Brennnessel			2 - 3	* *
Dill		X	10 - 20	* * * * *
Estragon	X	X	2 - 3	* * * *
Fenchel			2 - 3	* * *
Gartenkresse	X	X	- zig	* * * *
Hopfen			1	*
Kapuzinerkresse	X	X	10 - 20	* *
Kerbel	X	X	4 - 9	* *
Knoblauch	X		10 - 20	* * * * *
Koriander			2 - 3	* * *
Kümmel	(X)	(X)	2 - 3	* * * * *
Lavendel	X		2 - 3	* *
Liebstöckel	(X)	(X)	1	* * * *
Lorbeer	X	X	1	* * * * *
Majoran	X	X	2 - 3	* * * * *
Meerrettich			4 - 9	* * * *

Küchenkraut	Anbau ist möglich im [1]		Pflanzenbedarf je Familie [2]	Bedeutung [3]
	Kübel	Balkonkasten		
Minze	X	X	2 - 3	* * *
Oregano	X	X	2 - 3	* * * *
Petersilie		X	- zig	* * * * *
Pimpinelle	X		4 - 9	*
Portulak	X	X	4 - 9	*
Rainfarn	(X)		2 - 3	*
Ringelblume	X	X	10 - 20	* *
Rosmarin		X	1	* * * *
Salbei	X	X	2 - 3	* * *
Sauerampfer	X	X	4 - 9	* *
Schnittlauch	X	X	- zig	* * * * *
Schnittsellerie	X	X	2 - 3	* * *
Thymian	X	X	2 - 3	* * * * *
Tripmadam	X	X	2 - 3	*
Waldmeister			2 - 3	* *
Weinraute	X		1	*
Wermut	X		2 - 3	*
Ysop	X		2 - 3	*
Zitronenmelisse	X	X	2 - 3	* *
Zwiebel	X	X	- zig	* * * * *

[1] da der Anbau im Kräutergarten immer möglich ist, wird hier nur zwischen möglichem Anbau im Kübel (großer Topf) und / oder Balkonkasten unterschieden; (X) heißt "bedingt"

[2] hierbei wird angenommen, dass eine vierköpfige Familie in der Regel an beiden Tagen des Wochenendes, in der Woche aber nur gelegentlich abends Speisen zu Hause bereitet (vorwiegend Salate !) und dass die Familienmitglieder alle Küchenkräuter mögen, aber keinen besonderen Favoriten haben; der bei jedem Küchenkraut angegebene Pflanzenbedarf basiert auf einer Erhebung unter 36 Hobby-Köchen

[3] wir stellen die Bedeutung der Küchenkräuter auf einer Skala von fünf Sternen bis zu einem Stern fallend symbolisch dar

KAPITEL 2

Gerichte, die mit Küchenkräutern gewürzt werden -
zu welchem Gericht passt welches Kraut ? [1]

Sofern in Kapitel 1 nichts anderes vermerkt ist, wird jedes aufgeführte Küchenkraut einzeln (teilweise auch in Kombination mit anderen Küchenkräutern) zum betreffenden Gericht zur geschmacklichen Verfeinerung dazugegeben. Die unter einem einzelnen Gericht aufgeführten Küchenkräuter sind besonders geeignet für dessen Verfeinerung.

JOGHURT / QUARKSPEISEN	KÄSEGERICHTE	KRÄUTERBUTTER	BUTTERBROT (ALS BROTBELAG)	MAJONÄSE
Anis	Anis	Bärlauch	Bärlauch	Basilikum
Bärlauch	Basilikum	Basilikum	Borretsch	Bohnenkraut
Basilikum	Beifuß	Borretsch	Dill	Borretsch
Borretsch	Beinwurz	Dill	Kapuzinerkresse	Brennnessel
Dill	Bohnenkraut	Estragon	Kerbel	Dill
Estragon	Borretsch	Fenchel	Knoblauch	Estragon
Fenchel	Dill	Gartenkresse	Kresse	Fenchel
Hopfen	Kerbel	Kerbel	Petersilie	Meerrettich
Kapuzinerkresse	Knoblauch	Knoblauch	Portulak	Petersilie
Kerbel	Kresse	Kümmel	Schnittlauch	Pimpinelle
Knoblauch	Kümmel	Meerrettich	Weinraute	Ysop
Kresse	Liebstöckel	Minze	Zwiebel	
Kümmel	Oregano	Petersilie		
Liebstöckel	Pimpinelle	Pimpinelle		
Meerrettich	Rainfarn	Ringelblume		
Petersilie	Ringelblume	Rosmarin		
Pimpinelle	Rosmarin	Salbei		
Portulak	Salbei	Schnittlauch		
Rainfarn	Schnittlauch	Thymian		
Ringelblume	Thymian	Ysop		
Rosmarin	Ysop			
Sauerampfer				
Schnittlauch				
Thymian				
Ysop				
Zitronenmelisse				
Zwiebel				

[1] Knapp gefasste Systematisierung für den schnellen Überblick - ausführliche Darstellung bei den einzelnen Kräutern !
[2] Die nachfolgend bei neun verschiedenen Gerichtegruppen ausgewiesene Kategorie "allgemein" weist darauf hin, dass das betreffende Küchenkraut für die Verfeinerung aller (in der Regel auch der hier nicht genannten) Gerichte dieser Gruppe (wie z. B.: SALATE, KARTOFFELN, GEMÜSE usw.) verwendet werden kann.
[3] Die Formulierung "als Salat" besagt, dass die aufgeführten Küchenkräuter auch als "eigenständiger Salat" zubereitet werden können.
[4] Rainfarn eignet sich nach Auffassung einer Minderheit von Autoren zur Verfeinerung der genannten Gerichte und Gerichtegruppen.

Salat

Allgemein [2]

Anis
Basilikum
Beifuß
Bohnenkraut
Borretsch
Brennnessel
Dill
Estragon
Fenchel
Gartenkresse
Kapuzinerkresse
Kerbel
Knoblauch
Koriander
Kresse
Kümmel
Lavendel
Liebstöckel
Majoran
Minze
Oregano
Petersilie
Pimpinelle
Portulak
Rainfarn [4]
Ringelblume
Rosmarin
Salbei
Sauerampfer
Schnittlauch
Schnittsellerie
Thymian
Tripmadam
Waldmeister
Weinraute
Wermut
Ysop
Zitronenmelisse
Zwiebel

Als Salat [3]

Angelika
Bärlauch
Beinwurz
Fenchel
Hopfen
Kümmel
Portulak
Rosmarin
Sauerampfer
Tripmadam
Weinraute

Grüner Salat

Anis
Basilikum
Borretsch
Dill
Estragon
Gartenkresse
Kerbel
Lavendel
Liebstöckel
Oregano
Petersilie
Pimpinelle
Portulak
Sauerampfer
Schnittlauch
Tripmadam
Weinraute
Ysop
Zitronenmelisse
Zwiebel

Gurkensalat

Anis
Basilikum
Bohnenkraut
Borretsch
Dill
Kerbel
Minze
Petersilie
Pimpinelle
Portulak
Sauerampfer
Schnittlauch
Ysop
Zitronenmelisse

Wildkräuter-Salat

Basilikum
Dill
Kerbel
Petersilie
Pimpinelle
Portulak
Ysop
Zitronenmelisse

Tomatensalat

Basilikum
Dill
Kerbel
Minze
Petersilie
Pimpinelle
Portulak
Schnittlauch
Thymian
Weinraute
Ysop
Zitronenmelisse

Bohnensalat

Bohnenkraut
Borretsch
Dill
Petersilie
Ysop
Zwiebel

Salattunken

Basilikum
Beifuß
Dill
Petersilie
Pimpinelle
Portulak
Schnittlauch
Schnittsellerie
Waldmeister
Ysop
Zitronenmelisse

GEMÜSE

ALLGEMEIN	BOHNEN	ERBSEN	MÖHREN	KOHLGERICHTE
Anis	Basilikum	Basilikum	Anis	Anis
Bärlauch	Beifuß	Bohnenkraut	Beifuß	Basilikum
Basilikum	Bohnenkraut	Dill	Dill	Beifuß
Beifuß	Borretsch	Fenchel	Estragon	Bohnenkraut
Beinwurz	Dill	Kerbel	Kerbel	Borretsch
Bohnenkraut	Estragon	Knoblauch	Koriander	Dill
Borretsch	Fenchel	Koriander	Kümmel	Koriander
Brennnessel	Kapuzinerkresse	Kümmel	Liebstöckel	Kümmel
Dill	Kerbel	Liebstöckel	Majoran	Lorbeer
Estragon	Knoblauch	Majoran	Minze	Oregano
Fenchel	Koriander	Minze	Oregano	Petersilie
Gartenkresse	Kümmel	Petersilie	Petersilie	Schnittsellerie
Hopfen	Majoran	Salbei	Thymian	Thymian
Kapuzinerkresse	Minze	Thymian	Ysop	Ysop
Kerbel	Oregano	Weinraute	Zitronenmelisse	
Knoblauch	Rosmarin			
Koriander	Salbei			
Kümmel	Sauerampfer			
Liebstöckel	Schnittsellerie			
Lorbeer	Thymian			
Majoran	Weinraute			
Meerrettich				
Minze				
Oregano				
Petersilie				
Pimpinelle				
Portulak				
Ringelblume				
Rosmarin				
Salbei				
Sauerampfer				
Schnittlauch				
Schnittsellerie				
Thymian				
Weinraute				
Ysop				
Zitronenmelisse				
Zwiebel				

GEMÜSE

WIE SPINAT [1]

Basilikum
Borretsch
Brennnessel
Portulak
Sauerampfer
Tripmadam

SPINAT

Basilikum
Beifuß
Beinwurz
Borretsch
Brennnessel
Dill
Portulak
Sauerampfer

SAUERKRAUT

Anis
Basilikum
Bohnenkraut
Dill
Fenchel
Koriander
Kümmel
Lorbeer
Majoran

KÜRBIS

Estragon
Majoran
Rosmarin
Thymian

ALS GEMÜSE [2]

Angelika
Anis
Fenchel
Kümmel
Liebstöckel
Portulak
Sauerampfer
Tripmadam
Weinraute
Zitronenmelisse

ZUCCHINI

Basilikum
Dill
Estragon
Liebstöckel
Majoran
Oregano
Rosmarin
Schnittsellerie
Thymian
Zitronenmelisse

PAPRIKA / AUBERGINEN

Basilikum
Bohnenkraut
Estragon
Majoran
Minze
Oregano
Petersilie
Portulak
Rosmarin
Schnittsellerie
Thymian

OLIVEN

Basilikum
Dill
Loorbeer
Thymian

GURKEN

Anis
Basilikum
Bohnenkraut
Borretsch
Dill
Estragon
Fenchel
Majoran
Meerrettich
Minze
Oregano
Pimpinelle
Portulak
Rosmarin
Schnittlauch
Schnittsellerie
Thymian

TOMATEN

Basilikum
Bohnenkraut
Dill
Estragon
Fenchel
Gartenkresse
Kerbel
Koriander
Kümmel
Liebstöckel
Majoran
Minze
Oregano
Petersilie
Pimpinelle
Portulak
Rosmarin
Salbei
Schnittsellerie
Thymian
Ysop

[1] Das jeweilige Küchenkraut kann sehr gut wie Spinat zubereitet werden.

[2] Die Formulierung "als Gemüse" besagt, dass die aufgeführten Küchenkräuter auch sehr gut "als eigenständiges Gemüse" zubereitet werden können.

KARTOFFELN

ALLGEMEIN	KARTOFFELSALAT	BRATKARTOFFELN	KARTOFFELKLÖSSE
Basilikum	Beifuß	Bohnenkraut	Bohnenkraut
Beifuß	Bohnenkraut	Gartenkresse	Majoran
Bohnenkraut	Borretsch	Kümmel	Ysop
Borretsch	Dill	Majoran	
Dill	Gartenkresse	Rosmarin	
Estragon	Majoran	Thymian	
Fenchel	Meerrettich		
Gartenkresse	Oregano		
Kerbel	Petersilie		
Knoblauch	Schnittlauch		
Kümmel	Schnittsellerie		
Liebstöckel	Thymian		
Majoran	Ysop		
Meerrettich			
Minze			
Oregano			
Petersilie			
Rosmarin			
Schnittlauch			
Schnittsellerie			
Thymian			
Tripmadam			
Ysop			
Zwiebel			

SUPPEN

ALLGEMEIN

Angelika
Bärlauch
Basilikum
Beifuß
Beinwurz
Bohnenkraut
Borretsch
Brennnessel
Dill
Estragon
Fenchel
Gartenkresse
Kapuzinerkresse
Kerbel
Knoblauch
Koriander
Kümmel
Lavendel
Liebstöckel
Lorbeer
Majoran
Meerrettich
Minze
Oregano
Petersilie
Pimpinelle
Portulak
Rosmarin
Salbei
Sauerampfer
Schnittlauch
Schnittsellerie
Thymian
Tripmadam
Weinraute
Wermut
Ysop
Zitronenmelisse
Zwiebel

EINTOPF

Basilikum
Bohnenkraut
Brennnessel
Knoblauch
Koriander
Kümmel
Lavendel
Liebstöckel
Lorbeer
Majoran
Meerrettich
Petersilie
Salbei
Schnittsellerie
Thymian
Wermut
Ysop
Zwiebel

KRÄUTERSUPPE

Angelika
Borretsch
Brennnessel
Pimpinelle
Portulak
Sauerampfer
Schnittlauch
Tripmadam
Ysop
Zitronenmelisse

SAUERAMPFER-SUPPE

Borretsch
Portulak
Sauerampfer
Schnittlauch

GEMÜSESUPPE

Basilikum
Beifuß
Gartenkresse
Kerbel
Liebstöckel
Majoran
Minze
Petersilie
Sauerampfer
Schnittlauch
Schnittsellerie
Thymian
Tripmadam
Ysop
Zwiebel

TOMATENSUPPE

Basilikum
Majoran
Oregano
Petersilie
Portulak
Rosmarin
Sauerampfer
Schnittlauch
Ysop

FISCHSUPPE

Fenchel
Knoblauch
Lavendel
Pimpinelle
Rosmarin
Salbei
Zwiebel

LINSENSUPPE

Basilikum
Beifuß
Bohnenkraut
Borretsch
Lorbeer
Majoran
Petersilie
Sauerampfer
Thymian
Ysop
Zwiebel

KARTOFFELSUPPE

Basilikum
Beifuß
Gartenkresse
Kerbel
Knoblauch
Lorbeer
Majoran
Oregano
Thymian
Ysop
Zwiebel

AALSUPPE

Fenchel
Rosmarin
Tripmadam
Weinraute

ERBSENSUPPE

Basilikum
Bohnenkraut
Borretsch
Kerbel
Lorbeer
Majoran
Petersilie
Thymian
Zwiebel

BOHNENSUPPE

Basilikum
Bohnenkraut
Borretsch
Lorbeer
Majoran
Oregano
Petersilie
Rosmarin
Thymian
Ysop
Zwiebel

SOßEN

ALLGEMEIN

Angelika
Anis
Bärlauch
Basilikum
Beifuß
Bohnenkraut
Borretsch
Dill
Estragon
Fenchel
Gartenkresse
Kerbel
Knoblauch
Koriander
Kümmel
Liebstöckel
Lorbeer
Majoran
Meerrettich
Minze
Oregano
Petersilie
Pimpinelle
Portulak
Ringelblume
Rosmarin
Salbei
Sauerampfer
Schnittlauch
Schnittsellerie
Thymian
Weinraute
Ysop
Zitronenmelisse
Zwiebel

HELLE SOßE

Basilikum
Borretsch
Estragon
Gartenkresse
Petersilie
Pimpinelle
Ringelblume
Sauerampfer
Schnittlauch
Zitronenmelisse

BRATENSOßE
(DUNKLE)

Beifuß
Knoblauch
Liebstöckel
Lorbeer
Rosmarin
Thymian
Ysop

KRÄUTERSOßE

Basilikum
Borretsch
Dill
Estragon
Gartenkresse
Lavendel
Portulak
Thymian
Zitronenmelisse

MINZSOßE /
ENGLISCHE SOßE

Angelika
Kerbel
Minze
Pimpinelle
Sauerampfer
Schnittlauch
Zitronenmelisse

FISCHSOßE

Bohnenkraut
Dill
Estragon
Kerbel
Knoblauch
Lavendel
Petersilie
Pimpinelle
Schnittlauch
Schnittsellerie
Zitronenmelisse
Zwiebel

SAHNESOßE
(SAURE)

Basilikum
Estragon
Majoran

TOMATENSOßE

Basilikum
Bohnenkraut
Borretsch
Oregano
Pimpinelle
Portulak
Rosmarin
Thymian
Ysop
Zitronenmelisse

SÜßE SOßE

Angelika
Minze
Zitronenmelisse

FISCH

ALLGEMEIN

Angelika
Anis
Basilikum
Beifuß
Bohnenkraut
Borretsch
Dill
Estragon
Fenchel
Gartenkresse
Kerbel
Knoblauch
Koriander
Kresse
Kümmel
Lavendel
Liebstöckel
Lorbeer
Majoran
Meerrettich
Oregano
Petersilie
Pimpinelle
Rosmarin
Salbei
Sauerampfer
Schnittlauch
Schnittsellerie
Thymian
Weinraute
Ysop
Zitronenmelisse
Zwiebel

GEGRILLT

Basilikum
Estragon
Rosmarin

GEKOCHT / GEDÜNSTET

Basilikum
Bohnenkraut
Dill
Estragon
Fenchel
Gartenkresse
Kümmel
Lorbeer
Meerrettich
Petersilie
Pimpinelle
Schnittlauch
Weinraute
Zitronenmelisse
Zwiebel

GEBRATEN

Basilikum
Beifuß
Bohnenkraut
Borretsch
Dill
Gartenkresse
Petersilie
Pimpinelle
Rosmarin
Salbei
Thymian
Zitronenmelisse

MEERESFRÜCHTE / MUSCHELN

Angelika
Anis
Basilikum
Bohnenkraut
Dill
Estragon
Fenchel
Gartenkresse
Kerbel
Lorbeer
Majoran
Meerrettich
Oregano
Petersilie
Rosmarin
Sauerampfer
Schnittlauch
Thymian

SCHALENTIERE

Basilikum
Gartenkresse
Knoblauch
Petersilie

FISCHBOULLION / FISCHSUPPE

Bohnenkraut
Fenchel
Lavendel
Liebstöckel
Petersilie
Pimpinelle
Rosmarin
Salbei
Schnittsellerie
Thymian
Ysop
Zitronenmelisse
Zwiebel

FISCHSALAT

Basilikum
Bohnenkraut
Dill
Meerrettich
Petersilie
Schnittlauch
Weinraute
Ysop
Zitronenmelisse
Zwiebel

AAL GRÜN

Basilikum
Beifuß
Dill
Gartenkresse
Petersilie
Pimpinelle
Rosmarin
Salbei
Schnittsellerie
Thymian

FLEISCH

ALLGEMEIN	SCHWEIN	LAMM	KALB	RIND
Bärlauch	Basilikum	Basilikum	Basilikum	Basilikum
Basilikum	Beifuß	Beifuß	Beifuss	Beifuß
Beifuß	Fenchel	Bohnenkraut	Dill	Bohnenkraut
Bohnenkraut	Gartenkresse	Dill	Estragon	Dill
Dill	Kerbel	Estragon	Fenchel	Estragon
Estragon	Knoblauch	Fenchel	Kerbel	Fenchel
Fenchel	Koriander	Kerbel	Knoblauch	Kerbel
Gartenkresse	Kümmel	Knoblauch	Koriander	Liebstöckel
Kerbel	Liebstöckel	Koriander	Majoran	Lorbeer
Knoblauch	Lorbeer	Liebstöckel	Oregano	Majoran
Koriander	Majoran	Majoran	Petersilie	Meerrettich
Kümmel	Meerrettich	Minze	Rosmarin	Rosmarin
Lavendel	Minze	Oregano	Salbei	Schnittsellerie
Liebstöckel	Oregano	Petersilie	Sauerampfer	Thymian
Lorbeer	Rosmarin	Rosmarin	Schnittlauch	Tripmadam
Majoran	Salbei	Salbei	Weinraute	Ysop
Meerrettich	Sauerampfer	Sauerampfer	Ysop	
Minze	Schnittsellerie	Thymian		
Oregano	Thymian	Wermut		
Petersilie	Weinraute	Zitronenmelisse		
Pimpinelle	Wermut			
Rainfarn	Ysop			
Rosmarin	Zitronenmelisse			
Salbei				
Sauerampfer				
Schnittlauch	**WURST-HERSTELLUNG**			
Schnittsellerie				
Thymian	Bohnenkraut			
Tripmadam	Knoblauch			
Weinraute	Koriander			
Wermut	Kümmel			
Ysop	Majoran			
Zitronenmelisse	Meerrettich			
Zwiebel	Oregano			
	Salbei			
	Thymian			
	Ysop			

FLEISCH

HAMMEL

Basilikum
Beifuß
Dill
Knoblauch
Kümmel
Lavendel
Liebstöckel
Lorbeer
Majoran
Minze
Rosmarin
Salbei
Thymian
Weinraute
Wermut
Ysop

WILD

Basilikum
Beifuß
Bohnenkraut
Estragon
Fenchel
Kerbel
Lavendel
Liebstöckel
Lorbeer
Majoran
Oregano
Rosmarin
Salbei
Thymian
Wermut
Ysop
Zitronenmelisse

RAGOUT

Basilikum
Bohnenkraut
Estragon
Gartenkresse
Kümmel
Lorbeer
Petersilie
Rosmarin
Thymian
Weinraute
Ysop

GEGRILLTES FLEISCH

Dill
Lavendel
Rosmarin
Salbei
Ysop

GULASCH

Knoblauch
Koriander
Kümmel
Lorbeer
Majoran
Oregano
Rosmarin
Zwiebel

HACKFLEISCH

Bohnenkraut
Borretsch
Liebstöckel
Majoran
Salbei
Schnittsellerie
Thymian
Ysop
Zwiebel

PASTETEN

Dill
Koriander
Liebstöckel
Majoran
Rainfarn
Salbei
Thymian
Weinraute
Ysop
Zwiebel

LEBER / LEBERKNÖDEL

Basilikum
Estragon
Kümmel
Majoran
Minze
Salbei
Thymian
Ysop

GEFLÜGEL HUHN

Basilikum
Bohnenkraut
Dill
Estragon
Fenchel
Kerbel
Lavendel
Minze
Oregano
Petersilie
Sauerampfer
Schnittlauch
Thymian
Zitronenmelisse

GANS

Basilikum
Beifuss
Estragon
Fenchel
Kümmel
Liebstöckel
Majoran
Minze
Oregano
Petersilie
Salbei
Wermut
Ysop
Zitronenmelisse

ENTE

Beifuß
Estragon
Liebstöckel
Lorbeer
Majoran
Minze
Oregano
Petersilie
Rosmarin
Salbei
Wermut
Ysop
Zitronenmelisse

EIERSPEISEN

ALLGEMEIN

Basilikum
Beifuß
Beinwurz
Bohnenkraut
Borretsch
Dill
Estragon
Gartenkresse
Hopfen
Kerbel
Liebstöckel
Meerrettich
Oregano
Petersilie
Pimpinelle
Portulak
Rainfarn
Ringelblume
Rosmarin
Salbei
Schnittlauch
Thymian
Weinraute
Ysop
Zitronenmelisse

OMELETT

Basilikum
Dill
Estragon
Gartenkresse
Kerbel
Liebstöckel
Oregano
Petersilie
Rainfarn
Ringelblume
Salbei
Schnittlauch
Thymian

RÜHREI

Basilikum
Dill
Estragon
Kerbel
Schnittlauch

GETRÄNKE

ALLGEMEIN

Angelika
Anis
Bärlauch
Basilikum
Borretsch
Brennnessel
Estragon
Kapuzinerkresse
Kerbel
Knoblauch
Koriander
Kümmel
Lavendel
Majoran
Minze
Petersilie
Pimpinelle
Rainfarn
Rosmarin
Sauerampfer
Schnittsellerie
Thymian
Waldmeister
Weinraute
Wermut
Ysop
Zitronenmelisse

APERITIFS / COCKTAILS

Anis
Basilikum
Borretsch
Estragon
Kapuzinerkresse
Kerbel
Lavendel
Minze
Petersilie
Rainfarn
Rosmarin
Sauerampfer
Schnittsellerie
Wermut
Zitronenmelisse

WERMUT

Angelika
Koriander
Wermut

TEE

Angelika
Basilikum
Brennnessel
Kapuzinerkresse
Majoran
(Pfeffer-)Minze
Waldmeister

GEMÜSESÄFTE / FRUCHTGETRÄNKE

Borretsch
Knoblauch
Minze
Petersilie
Schnittsellerie
Waldmeister
Weinraute
Zitronenmelisse

BOWLE

Kapuzinerkresse
Pimpinelle
Waldmeister
Ysop
Zitronenmelisse

SPIRITUOSEN

Angelika
Anis
Estragon
Koriander
Kümmel
Weinraute
Ysop

WEIN

Bärlauch
Borretsch
Lavendel
Minze
Pimpinelle
Thymian
Waldmeister
Weinraute
Wermut
Ysop

VERSCHIEDENES

PILZE

Anis
Basilikum
Beifuß
Bohnenkraut
Borretsch
Dill
Estragon
Knoblauch
Liebstöckel
Majoran
Minze
Petersilie
Rosmarin
Schnittlauch
Thymian
Weinraute
Ysop
Zitronenmelisse
Zwiebel

AUSLASSEN VON FETT

Beifuß
Bohnenkraut
Majoran
Oregano
Thymian

AUFLÄUFE

Anis
Beifuß
Fenchel
Knoblauch
Kümmel
Majoran
Oregano
Petersilie
Zwiebel

ROHKOST

Basilikum
Beifuß
Borretsch
Brennnessel
Dill
Estragon
Fenchel
Gartenkresse
Kerbel
Knoblauch
Koriander
Kümmel
Liebstöckel
Majoran
Meerrettich
Oregano
Petersilie
Pfefferminze
Portulak
Sauerampfer
Thymian
Tripmadam
Ysop
Zitronenmelisse

FÜLLUNGEN

Angelika
Bohnenkraut
Borretsch
Estragon
Fenchel
Koriander
Liebstöckel
Lorbeer
Majoran
Rainfarn
Rosmarin
Salbei
Sauerampfer
Thymian
Wermut
Zitronenmelisse

KRÄUTERESSIG-HERSTELLUNG

Basilikum
Beifuß
Brennnessel
Dill
Estragon
Kapuzinerkresse
Kerbel
Koriander
Kümmel
Lavendel
Lorbeer
Majoran
Pimpinelle
Rainfarn
Rosmarin
Thymian
Tripmadam
Weinraute
Zitronenmelisse

MARINADEN / VINAIGRETTES

Angelika
Basilikum
Borretsch
Brennnessel
Dill
Estragon
Fenchel
Koriander
Lavendel
Lorbeer
Minze
Petersilie
Pimpinelle
Rainfarn
Rosmarin
Sauerampfer
Schnittlauch
Schnittsellerie
Thymian
Tripmadam
Waldmeister
Weinraute
Ysop

VERSCHIEDENES

DIÄT

Basilikum
Bohnenkraut
Borretsch
Estragon
Kerbel
Koriander
Liebstöckel
Majoran
Petersilie
Salbei
Sauerampfer
Tripmadam
Ysop

ÖLVEREDELUNG

Estragon
Rosmarin
Thymian

BRÜHE / BOULLION

Basilikum
Estragon
Fenchel
Liebstöckel
Lorbeer
Portulak
Rosmarin
Schnittlauch
Thymian
Ysop

VEGETARISCHE GERICHTE

Bohnenkraut
Kerbel
Majoran
Thymian
Ysop

BROT / KUCHEN

Anis
Fenchel
Hopfen
Koriander
Kümmel
Liebstöckel
Rainfarn
Ringelblume
Rosmarin
Schnittsellerie

OBSTSALATE

Fenchel
Kapuzinerkresse
Minze
Rosmarin
Thymian
Waldmeister
Zitronenmelisse
Zwiebel

EISBECHER / EISCREME

Angelika
Lavendel
Minze
Waldmeister
Zitronenmelisse

EINLEGEN

GURKEN

Anis
Basilikum
Bohnenkraut
Borretsch
Dill
Estragon
Fenchel
Knoblauch
Koriander
Lorbeer
Meerrettich
Portulak
Weinraute
Zitronenmelisse

SAUERGEMÜSE

Basilikum
Bohnenkraut
Borretsch
Dill
Estragon
Lorbeer
Meerrettich
Portulak
Zitronenmelisse
Zwiebel

FLEISCH / FISCH

Dill
Lorbeer
Meerrettich
Portulak
Rosmarin
Zitronenmelisse

INTERNATIONALE KÜCHE

FRANZÖSISCHE

Basilikum
Estragon
Kerbel
Majoran
Meerrettich
Oregano
Rosmarin
Salbei
Thymian

MEDITERRANE

Basilikum
Bohnenkraut
Majoran
Oregano
Rosmarin
Salbei
Thymian
Tripmadam

ITALIENISCHE

Basilikum
Knoblauch
Majoran
Oregano
Rosmarin
Salbei
Thymian

ENGLISCHE

Meerrettich
Minze

SKANDINAVISCHE

Dill
Meerrettich

CHINESISCHE / MALAYISCHE

Anis
Basilikum
Estragon
Knoblauch
Koriander
Kümmel
Minze
Schnittsellerie
Zwiebel

INDISCHE

Basilikum
Knoblauch
Koriander

KAPITEL 3

Welches Küchenkraut passt zu welchen Gerichten ? [1]

In diesem Kapitel gibt es vier Lesarten:

1. Es steht nur ein Begriff (in fetten Versalien) dort: dieses Küchenkraut wird für alle derartigen Gerichte empfohlen (z.B.: **SALAT**).

2. Es steht ein Begriff in fetten Versalien dort und darunter ein Begriff in normaler Schreibweise (z.B.: **SALAT**, Eiersalat). Das Küchenkraut wird innerhalb dieser Gruppe von Gerichten nur für dieses eine Gericht empfohlen.

3. Es steht ein Begriff in fetten Versalien dort und darunter "allgemein" sowie ein Gericht (z.B.: **SALAT**, allgemein, Tomatensalat). Das Küchenkraut wird für alle Salate, aber besonders für Tomatensalat empfohlen.

ANGELIKA

MAJONÄSE	**SUPPEN**	**FISCH**	**MARINADEN /**
SALAT	- Wildkräuter-	**GETRÄNKE**	**VINAIGRETTES**
- als Salat	suppe	- Tee	**FÜLLUNGEN**
GEMÜSE	**SOßEN**	- Wermut	**EISBECHER /**
- als Gemüse	- süße Soße	- Spirituosen	**EISCREME**
- allgemein	- Minzsoße /		
	englische Soße		

ANIS

JOGHURT /	- Gurken	**FISCH**	**INT. KÜCHE**
QUARKSPEISEN	- Möhren	- allgemein	- chin. Küche
KÄSEGERICHTE	- Bohnen	- Meeresfrüchte /	**PILZE**
SALAT	- Erbsen	Muscheln	**EINLEGEN**
- allgemein	- Kohlgerichte	**GETRÄNKE**	**BROT / KUCHEN**
- grüner Salat	- Sauerkraut	- allgemein	**AUFLÄUFE**
- Gurkensalat	**SUPPEN**	- Aperitifs /	
GEMÜSE	**SOßEN**	Cocktails	
- allgemein		- Spirituosen	

[1] Knapp gefasste Systematisierung für den schnellen Überblick - ausführliche Darstellung bei den einzelnen Kräutern !

BÄRLAUCH

KRÄUTERBUTTER	SALAT	FLEISCH
auf BUTTERBROT	GEMÜSE	GETRÄNKE
JOGHURT /	SOßEN	- Wein
QUARKSPEISEN	SUPPEN	

BASILIKUM

KRÄUTERBUTTER	- Gurken	SOßEN	EIERSPEISEN
JOGHURT /	- Zucchini	- helle Soße	- Omelett
QUARKSPEISEN	- Spinat	- Tomatensoße	- Rührei
MAJONÄSE	- Kürbis	- Kräutersoße	GETRÄNKE
SALAT	- Oliven	FLEISCH	- Tee
- allgemein	- Bohnen	- Rind	INT. KÜCHE
- Gurkensalat	- Erbsen	- Lamm	- ital. Küche
- Tomatensalat	- Kohlgerichte	- Hammel	- franz. Küche
- Wildkräutersalat	- Sauerkraut	- Wild	EINLEGEN
KARTOFFELN	SUPPEN	- Hackfleisch	- Gurken
- allgemein	- allgemein	- Ragout	ROHKOST
- Kartoffelsuppe	- Eintopf	GEFLÜGEL	
GEMÜSE	- Gemüsesuppe	- Gans	
- allgemein	- Erbsensuppe	FISCH	
- Tomaten	- Bohnensuppe	- allgemein	
- Paprika /	- Linsensuppe	- gedünstet	
Auberginen	- Tomatensuppe	- gegrillt	

BEIFUSS

KÄSEGERICHTE	SUPPEN	FLEISCH	EIERSPEISEN
SALAT	- allgemein	- Schwein	PILZE
- allgemein	- Aalsuppe	- Lamm	AUSLASSEN
- Salattunken	- Gemüsesuppe	- Hammel	VON FETT
GEMÜSE	- Kartoffelsuppe	- Wild	KRÄUTERESSIG-
- allgemein	- Tomatensuppe	GEFLÜGEL	HERSTELLUNG
- Bohnen	- Zwiebelsuppe	- Gans	ROHKOST
- Kohlgerichte	SOßEN	FISCH	
- Möhren	- Bratensoße	- Aal grün	
- Spinat			

BEINWURZ

KÄSEGERICHTE	GEMÜSE	SUPPEN
SALAT	- allgemein	EIERSPEISEN
- als Salat	- Spinat	

BOHNENKRAUT

KÄSEGERICHTE	GEMÜSE	SOßEN	FISCH
MAJONÄSE	- allgemein	- allgemein	- allgemein
SALAT	- Tomaten	- Tomatensoße	- gekocht
- allgemein	- Gurken	FLEISCH	- Fischsalat
- Gurkensalat	- Bohnen	- Wurstherstellung	- Meeresfrüchte /
- Bohnensalat	- Erbsen	- Schwein	Muscheln
KARTOFFELN	- Kohlgerichte	- Rind	EIERSPEISEN
- allgemein	- Sauerkraut	- Lamm	PILZE
- Kartoffelsalat	SUPPEN	- Wild	AUSLASSEN
- Kartoffelklöße	- allgemein	- Ragout	VON FETT
- Bratkartoffeln	- Eintopf	GEFLÜGEL	FÜLLUNGEN
	- Bohnensuppe		EINLEGEN

BORRETSCH

KRÄUTERBUTTER	GEMÜSE	SOßEN	GETRÄNKE
auf BUTTERBROT	- Gurken	- allgemein	- Gemüsesäfte /
JOGHURT /	- wie Spinat	- Tomatensoße	Fruchtgetränke
QUARKSPEISEN	- Spinat	- Sahnesoße	- Aperitifs /
SALAT	- Bohnen	(saure)	Cocktails
- grüner Salat	- Kohlgerichte	- Kräutersoße	PILZE
- Gurkensalat	SUPPEN	FLEISCH	FÜLLUNGEN
KARTOFFELN	- Kartoffelsuppe	- Hammel	MARINADEN /
- allgemein	- Tomatensuppe	- Hackfleisch	VINAIGRETTES
- Kartoffelsalat	- Kräutersuppe	EIERSPEISEN	
		- Rührei	

BRENNNESSEL

MAJONÄSE
SALAT
GEMÜSE
- wie Spinat
- Spinat

SUPPEN
- Eintopf
- Kräutersuppe
GETRÄNKE
- Tee

MARINADEN /
VINAIGRETTES
KRÄUTERESSIG-
HERSTELLUNG
ROHKOST

DILL

KRÄUTERBUTTER
JOGHURGT /
QUARKSPEISEN
KÄSEGERICHTE
MAJONÄSE
SALAT
- grüner Salat
- Gurkensalat
- Tomatensalat
KARTOFFELN
- allgemein
- Kartoffelsalat
- Bratkartoffeln
GEMÜSE
- allgemein
- Tomaten

- Gurken
- Zucchini
- Spinat
- Kürbis
- Bohnen
- Erbsen
- Möhren
- Kohlgerichte
SUPPEN
- allgemein
- Kartoffelsuppe
- Bohnensuppe
- Kräutersuppe
SOßEN
- allgemein
- Kräutersoße

FLEISCH
- Kalb
- Rind
- Hammel
- Pasteten
GEFLÜGEL
- Huhn
FISCH
- allgemein
- gekocht
- gedünstet
- Fischsalat
- Meeresfrüchte /
- Muscheln
EIERSPEISEN
PILZE

MARINADEN /
VINAIGRETTES
KÄUTERESSIG-
HERSTELLUNG
EINLEGEN
- Gurken
- Sauergemüse
- Fleisch / Fisch
GETRÄNKE
- Aperitifs /
  Cocktails

ESTRAGON

KRÄUTERBUTTER
MAJONÄSE
SALAT
- allgemein
- grüner Salat
- Gurkensalat
- Tomatensalat
KARTOFFELN
- Kartoffelsalat
GEMÜSE
- allgemein
- Tomaten
- Paprika /
  Auberginen
- Gurken
- Zucchini

- Kürbis
- Bohnen
- Möhren
SUPPEN
SOßEN
- Bratensoße
  (dunkle)
- Kräutersoße
FLEISCH
- allgemein
- Schweinefleisch
- Kalb
- Rind
- Lamm
- Wild
- Ragout

GEFLÜGEL
FISCH
- allgemein
- gekocht
- gegrillt
- Meeresfrüchte /
- Muscheln
EIERSPEISEN
- Omelett
- Rührei
GETRÄNKE
- allgemein
- Spirituosen
INT. KÜCHE
- chin. / malay.
  Küche

FÜLLUNGEN
BRÜHE /
BOULLION
MARINADEN/
VINAIGRETTES
KRÄUTERESSIG-
HERSTELLUNG
EINLEGEN
- Gurken
- Sauergemüse
ROHKOST

FENCHEL

KRÄUTERBUTTER
JOGHURT /
  QUARKSPEISEN
MAJONÄSE
SALAT
- als Salat
- Salattunken
KARTOFFELN
GEMÜSE
- als Gemüse
- allgemein
- Tomaten
- Gurken
- Bohnen

- Erbsen
- Kohlgerichte
- Sauerkraut
SUPPEN
- allgemein
- Fischsuppe
SOßEN
FLEISCH
- Schwein
- Lamm
- Wild
GEFLÜGEL
- Ente

FISCH
- allgemein
- gekocht
- Fischboullion /
  Fischsuppe
- Meeresfrüchte /
  Muscheln
BRÜHE /
  BOULLION
MARINADEN /
  VINAIGRETTES
EINLEGEN
- Gurken

ROHKOST
OBSTSALATE
BROT / KUCHEN
AUFLÄUFE

GARTENKRESSE

auf BUTTERBROT
JOGHURT /
  QUARKSPEISEN
KÄSEGERICHTE
MAJONÄSE
SALAT
- allgemein
- grüner Salat

KARTOFFELN
- allgemein
- Kartoffelsalat
GEMÜSE
- allgemein
- Tomaten

SUPPEN
- Kartoffelsuppe
- Gemüsesuppe
SOßEN
- allgemein
- helle Soße
- Kräutersoße

FISCH
- allgemein
- Fischsalat
- Meeresfrüchte /
  Muscheln
- Schalentiere
MARINADEN /
  VINAIGRETTES

HOPFEN

JOGHURT /
  QUARKSPEISEN

SALAT
- als Salat

GEMÜSE
- allgemein

EIERSPEISEN
BROT / KUCHEN

KAPUZINERKRESSE

auf BUTTERBROT
JOGHURT /
  QUARKSPEISEN
SALAT

KARTOFFELN
GEMÜSE
- Bohnen
SUPPEN

GETRÄNKE
- allgemein
- Tee
- Bowle

KRÄUTERESSIG-
  HERSTELLUNG
OBSTSALATE

KERBEL

KRÄUTERBUTTER
auf **BUTTERBROT**
JOGHURT /
 QUARKSPEISEN
KÄSEGERICHTE
SALAT
 - allgemein
 - grüner Salat
 - Tomatensalat

KARTOFFELN
GEMÜSE
 - Tomaten
 - Bohnen
 - Erbsen
 - Möhren
SUPPEN
 - allgemein
 - Kartoffelsuppe
 - Gemüsesuppe

SOßEN
 - allgemein
 - Minzsoße /
   englische Soße
 - Fischsoße
FLEISCH
 - allgemein
 - Kalb
GEFLÜGEL
 - Huhn

FISCH
 - allgemein
 - Meeresfrüchte /
   Muscheln
EIERSPEISEN
PILZE
DIÄT

KNOBLAUCH

KRÄUTERBUTTER
auf **BUTTERBROT**
JOGHURT /
 QUARKSPEISEN
KÄSEGERICHTE
SALAT
KARTOFFELN
GEMÜSE
 - allgemein
 - Bohnen
 - Erbsen
SUPPEN
 - Eintopf
 - Kartoffelsuppe
 - Fischsuppe

SOßEN
 - Bratensoße
   (dunkle)
 - Fischsoße
FLEISCH
 - allgemein
 - Wurstherstellung
 - Schwein
 - Kalb
 - Rind
 - Lamm
 - Hammel
 - Wild
 - Gulasch
GEFLÜGEL

FISCH
 - allgemein
 - Meeresfrüchte /
   Muscheln
 - Schalentiere
GETRÄNKE
 - Gemüsesäfte /
   Fruchtgetränke
INT. KÜCHE
 - ital. Küche
 - indische Küche
 - chin. / malay.
   Küche

PILZE
EINLEGEN
 - Gurken
ROHKOST
AUFLÄUFE

KORIANDER

SALAT
KARTOFFELN
GEMÜSE
 - allgemein
 - Tomaten
 - Bohnen
 - Erbsen
 - Möhren
 - Kohlgerichte
 - Sauerkraut

SUPPEN
 - Eintopf
SOßEN
FLEISCH
 - Wurstherstellung
 - Schwein
 - Kalb
 - Lamm
 - Pasteten
 - Gulasch

FISCH
GETRÄNKE
 - Wermut
 - Spirituosen
INT. KÜCHE
 - indische Küche
 - chin. / malay.
   Küche
FÜLLUNGEN

MARINADEN /
 VINAIGRETTES
KRÄUTERESSIG-
 HERSTELLUNG
EINLEGEN
 - Gurken
ROHKOST
DIÄT
BROT / KUCHEN

KÜMMEL

KRÄUTERBUTTER
JOGHURT /
  QUARKSPEISEN
KÄSEGERICHTE
SALAT
KARTOFFELN
- allgemein
- Bratkartoffeln
GEMÜSE
- als Gemüse
- allgemein
- Tomaten
- Bohnen

- Erbsen
- Möhren
- Kohlgerichte
- Sauerkraut
SUPPEN
- allgemein
- Eintopf
SOßEN
FLEISCH
- Wurstherstellung
- Schwein
- Lamm
- Hammel

- Leber
- Ragout
- Gulasch
GEFLÜGEL
FISCH
- gekocht
GETRÄNKE
- Spirituosen
INT. KÜCHE
- chin. / malay.
  Küche

PILZE
BRÜHE /
  BOULLION
KRÄUTERESSIG-
  HERSTELLUNG
ROHKOST
BROT / KUCHEN
AUFLÄUFE

LAVENDEL

SALAT
SUPPEN
- Eintopf
SOßEN
- allgemein
- Fischsoße
- Kräutersoße

FLEISCH
- Lamm
- Hammel
- Wild
GEFLÜGEL
- Huhn

FISCH
GETRÄNKE
- Wein
MARINADEN /
  VINAIGRETTES
KRÄUTERESSIG-
  HERSTELLUNG

EISBECHER /
  EISCREME

LIEBSTÖCKEL

KRÄUTERBUTTER
JOGHURT /
  QUARKSPEISEN
KÄSEGERICHTE
MAJONÄSE
SALAT
- grüner Salet
- Tomatensalat
KARTOFFELN
- Kartoffelsuppe
GEMÜSE
- allgemein
- Tomaten
- Gurken

- Zucchini
- Bohnen
- Erbsen
- Möhren
SUPPEN
- Eintopf
- Kartoffelsuppe
- Gemüsesuppe
- Tomatensuppe
SOßEN
- allgemein
- Bratensoße
  (dunkle)
- Kräutersoße

FLEISCH
- allgemein
- Schwein
- Rind
- Lamm
- Hammel
- Wild
- Hackfleisch
- Gulasch
GEFLÜGEL
- Gans
FISCH
- gekocht

EIERSPEISEN
- Rührei
PILZE
FÜLLUNGEN
BRÜHE /
  BOULLION
MARINADEN /
  VINAIGRETTES
ROHKOST
DIÄT
BROT / KUCHEN

LORBEER

KARTOFFELN
GEMÜSE
SUPPEN
- allgemein
- Eintopf
- Kartoffelsuppe
- Gemüsesuppe
- Linsensuppe
- Tomatensuppe

SOßEN
- Tomatensoße
- Bratensoße
  (dunkle)
FLEISCH
- allgemein
- Schwein
- Rind
- Lamm

- Wild
- Ragout
- Gulasch
GEFLÜGEL
FISCH
- gekocht
PILZE
BRÜHE /
  BOULLION

MARINADEN /
  VINAIGRETTES
EINLEGEN
- Gurken
- Sauergemüse

MAJORAN

KÄSEGERICHTE
SALAT
KARTOFFELN
- allgemein
- Kartoffelsalat
- Kartoffelklöße
- Bratkartoffeln
GEMÜSE
- Tomaten
- Paprika /
  Auberginen
- Bohnen
- Erbsen
- Möhren
- Kohlgerichte
- Sauerkraut

SUPPEN
- Eintopf
- Kartoffelsuppe
- Gemüsesuppe
- Erbsensuppe
- Bohnensuppe
- Tomatensuppe
SOßEN
- helle Soße
- Tomatensoße
- Sahnesoße
  (saure)
- Kräutersoße

FLEISCH
- Wurstherstellung
- Schwein
- Kalb
- Rind
- Lamm
- Hammel
- Hackfleisch
- Leber /
  Leberknödel
- Pasteten
- Ragout
- Gulasch
GEFLÜGEL

FISCH
- allgemein
- Fischsalat
GETRÄNKE
- Tee
PILZE
AUSLASSEN
VON FETT
FÜLLUNGEN
KRÄUTERESSIG-
  HERSTELLUNG

MEERRETTICH

KRÄUTERBUTTER
JOGHURT /
  QUARKSPEISEN
MAJONÄSE
KARTOFFELN
- Kartoffelsalat
GEMÜSE
- allgemein
- Gurken

SUPPEN
- Eintopf
SOßEN
FLEISCH
- allgemein
- Wurstherstellung
- Schwein
- Rind
- Kalb

FISCH
- allgemein
- gekocht
- Fischsalat
- Meeresfrüchte /
  Muscheln
EIERSPEISEN
INT. KÜCHE
- franz. Küche

- englische Küche
- skandinav.
  Küche
EINLEGEN
- Gurken
- Sauergemüse
- Fleisch / Fisch
ROHKOST

MINZE

SALAT
GEMÜSE
- allgemein
- Paprika /
  Auberginen
- Gurken
- Zucchini
SUPPEN
- Gemüsesuppe

SOßEN
- Minzsoße /
  englische Soße
FLEISCH
- Schweinefleisch
- Kalb
- Lamm
- Hammel

- Leber /
  Leberknödel
GEFLÜGEL
GETRÄNKE
- allgemein
- Tee
- Wein
- Aperitifs /
  Cocktails

INT. KÜCHE
- mediterrane
  Küche
**MARINADEN /
  VINAIGRETTES**
OBSTSALATE
**EISBECHER /
  EISCREME**

OREGANO

KÄSEGERICHTE
SALAT
- allgemein
- grüner Salat
KARTOFFELN
GEMÜSE
- allgemein
- Tomaten
- Paprika /
  Auberginen
- Gurken
- Zucchini
- Bohnen
- Erbsen

- Möhren
- Kohlgerichte
SUPPEN
- allgemein
- Kartoffelsuppe
- Bohnensuppe
- Tomatensuppe
SOßEN
- Tomatensoße
FLEISCH
- allgemein
- Wurstherstellung
- Schwein
- Kalb

- Lamm
- Wild
- Gulasch
GEFLÜGEL
- Huhn
- Ente
- Gans
FISCH
- allgemein
- Meeresfrüchte /
  Muscheln
EIERSPEISEN
- allgemein
- Omelett

INT. KÜCHE
- mediterrane
  Küche
- ital. Küche
- franz. Küche
**AUSLASSEN
VON FETT**
ROHKOST
AUFLÄUFE

PETERSILIE

KRÄUTERBUTTER
auf **BUTTERBROT**
**JOGHURT /
  QUARKSPEISEN**
MAJONÄSE
SALAT

KARTOFFELN
- Kartoffelsuppe
GEMÜSE
SUPPEN
- allgemein
- Eintopf

- Kartoffelsuppe
- Gemüsesuppe
- Kräutersuppe
- Fischsuppe
SOßEN
- Kräutersoße

FLEISCH
FISCH
EIERSPEISEN
FÜLLUNGEN
**BRÜHE /
  BOULLION**

PIMPINELLE

KRÄUTERBUTTER	- Gurken	**FLEISCH**	**GETRÄNKE**
JOGHURT /	- wie Spinat	- allgemein	- allgemein
QUARKSPEISEN	**SUPPEN**	**GEFLÜGEL**	- Bowle
KÄSEGERICHTE	- allgemein	**FISCH**	- Wein
SALAT	- Kräutersuppe	- allgemein	**MARINADEN /**
- allgemein	- Fischsuppe	- Aal grün	**VINAIGRETTES**
- grüner Salat	**SOßEN**	- gekocht	**KRÄUTERESSIG-**
GEMÜSE	- Minzsoße /	**EIERSPEISEN**	**HERSTELLUNG**
- Tomaten	englische Soße		

PORTULAK

auf **BUTTERBROT**	**KARTOFFELN**	**SUPPEN**	**EIERSPEISEN**
JOGHURT /	**GEMÜSE**	- allgemein	**INT. KÜCHE**
QUARKSPEISEN	- allgemein	- Tomatensuppe	- chin. / malay.
SALAT	- Tomaten	- Kräutersuppe	Küche
- als Salat	- Paprika /	**SOßEN**	- indische Küche
- allgemein	Auberginen	- helle Soße	**MARINADEN /**
- grüner Salat	- Gurken	- Tomatensoße	**VINAIGRETTES**
- Gurkensalat	- wie Spinat	- Kräutersoße	**ROHKOST**
- Tomatensalat	- Spinat	**FISCH**	

RAINFARN [1)]

JOGHURT /	**FLEISCH**	**GETRÄNKE**	**KRÄUTERESSIG-**
QUARKSPEISEN	**EIERSPEISEN**	**MARINADEN /**	**HERSTELLUNG**
KÄSEGERICHTE	- allgemein	**VINAIGRETTES**	**BROT / KUCHEN**
SALAT	- Omelett		

RINGELBLUME

KRÄUTERBUTTER	- grüner Salat	**SOßEN**	**EISBECHER /**
JOGHURT /	**GEMÜSE**	- helle Soße	**EISCREME**
QUARKSPEISEN	**SUPPEN**	**EIERSPEISEN**	
KÄSEGERICHTE	- allgemein	**GETRÄNKE**	
SALAT	- Eintopf	- Tee	
- allgemein	- Fischsuppe		

[1)] Rainfarn eignet sich nach Auffassung einer Minderheit von Autoren zur Verfeinerung der genannten Gerichte und Gerichtegruppen.

ROSMARIN

KÄSEGERICHTE
KARTOFFELN
- allgemein
- Bratkartoffeln
GEMÜSE
- allgemein
- Tomaten
- Paprika /
  Auberginen
- Zucchini
- Kürbis
- Kohlgerichte
SUPPEN
- allgemein

- Eintopf
- Tomatensuppe
SOßEN
- allgemein
- Tomatensoße
- Bratensoße
  (dunkle)
FLEISCH
- allgemein
- Schweinefleisch
- Kalb
- Rind
- Lamm
- Hammel

- Wild
- Ragout
- Gulasch
GEFLÜGEL
FISCH
- allgemein
- gebraten
- gegrillt
- Meeresfrüchte /
  Muscheln
EIERSPEISEN
INT. KÜCHE
- ital. Küche
- franz. Küche

PILZE
MARINADEN /
  VINAIGRETTES
KRÄUTERESSIG-
  HERSTELLUNG
OBSTSALATE
BROT / KUCHEN

SALBEI

KRÄUTERBUTTER
KÄSEGERICHTE
GEMÜSE
- Tomaten
- Bohnen
- Erbsen
SUPPEN
- Fischsuppe
SOSSEN
- allgemein
- helle Soße

- Sahnesoße
  (saure)
- Fischsoße
- Kräutersoße
FLEISCH
- allgemein
- Schwein
- Rind
- Lamm
- Hammel
- Wild

- Hackfleisch
- Leber /
  Leberknödel
GEFLÜGEL
FISCH
- allgemein
- Aal grün
- Fischsalat
EIERSPEISEN
- allgemein
- Omelett

INT. KÜCHE
- ital. Küche
FÜLLUNGEN
MARINADEN /
  VINAIGRETTES
EINLEGEN
- Gurken
DIÄT

SAUERAMPFER

JOGHURT /
QUARKSPEISEN
SALAT
- als Salat
- grüner Salat
- Gurkensalat
GEMÜSE
- als Gemüse

- wie Spinat
- Bohnen
SUPPEN
- allgemein
- Linsensuppe
- Tomatensuppe
- Sauerampfer-
  suppe

SOSSEN
- allgemein
- Minzsoße /
  englische Soße
FISCH
- allgemein
- Meeresfrüchte /
  Muscheln

FÜLLUNGEN
MARINADEN /
  VINAIGRETTES
ROHKOST
DIÄT

173

SCHNITTLAUCH

KRÄUTERBUTTER
auf **BUTTERBROT**
JOGHURT /
  QUARKSPEISEN
KÄSEGERICHTE
SALAT
KARTOFFELN
- allgemein
- Kartoffelsalat
- Bratkartoffeln

GEMÜSE
SUPPEN
- Kartoffelsuppe
- Erbsensuppe
- Bohnensuppe
- Tomatensuppe
- Fischsuppe
SOSSEN
- helle Soße
- Tomatensoße

- Minzsoße /
- englische Soße
- Kräutersoße
FLEISCH
FISCH
- gekocht
- Fischsalat
- Fischboullion /
  Fischsuppe

- Meeresfrüchte /
  Muscheln
EIERSPEISEN
- Omelett
- Rührei
BRÜHE /
  BOULLION
MARINADEN /
  VINAIGRETTES

SCHNITTSELLERIE

KRÄUTERBUTTER
auf **BUTTERBROT**
JOGHURT /
  QUARKSPEISEN
MAJONÄSE
SALAT
KARTOFFELN
- allgemein
- Kartoffelsalat

GEMÜSE
- allgemein
- Tomaten
- Paprika /
  Auberginen
- Gurken
- Zucchini
- Bohnen
- Kohlgerichte

SUPPEN
- Kartoffelsuppe
- Gemüsesuppe
- Kräutersuppe
- Fischsuppe
SOSSEN
- Kräutersoße
FLEISCH
FISCH

EIERSPEISEN
GETRÄNKE
- allgemein
- Aperitifs /
  Cocktails
FÜLLUNGEN
BRÜHE /
  BOULLION
BROT / KUCHEN

TYMIAN

KRÄUTERBUTTER
JOGHURT /
  QUARKSPEISEN
KÄSEGERICHTE
MAJONÄSE
SALAT
- grüner Salat
- Tomatensalat
- Bohnensalat
KARTOFFELN
- allgemein
- Kartoffelsalat
GEMÜSE
- Tomaten
- Paprika /
  Auberginen
- Zucchini
- Bohnen

- Erbsen
- Möhren
- Kohlgerichte
SUPPEN
- Eintopf
- Kartoffelsuppe
- Gemüsesuppe
- Tomatensuppe
- Kräutersuppe
- Fischsuppe
SOSSEN
- Tomatensoße
- Bratensoße
  (dunkle)
- Fischsoße
- Kräutersoße

FLEISCH
- allgemein
- Wurstherstellung
- Schwein
- Rind
- Lamm
- Hammel
- Wild
- Hackfleisch
- Leber /
  Leberknödel
- Gulasch
GEFLÜGEL
FISCH
- allgemein
- Aal grün
- Meeresfrüchte /
  Muscheln

EIERSPEISEN
- allgemein
- Omelett
INT. KÜCHE
- mediterrane
  Küche
PILZE
AUSLASSEN
VON FETT
MARINADEN /
  VINAIGRETTES
KRÄUTERESSIG-
  HERSTELLUNG
OBSTSALATE

TRIPMADAM

SALAT	**GEMÜSE**	- Gemüsesuppe	**KRÄUTERESSIG-**
- allgemein	- als Spinat	- Kräutersuppe	**HERSTELLUNG**
- grüner Salat	**SUPPEN**	**INT. KÜCHE**	**ROHKOST**
KARTOFFELN	- allgemein	- franz. Küche	**DIÄT**

WALDMEISTER

SALAT	**FLEISCH**	- Gemüsesäfte /	**MARINADEN /**
- Salattunken	- Rind	Fruchtgetränke	**VINAIGRETTES**
GEMÜSE	- Wild	- Tee	**OBSTSALATE**
- Kohlgerichte	**GETRÄNKE**	- Bowle	**BROT / KUCHEN**
- Sauerkraut	- allgemein		

WEINRAUTE

auf **BUTTERBROT**	- Bohnen	- Kalb	- Wein
JOGHURT /	- Erbsen	- Rind	- Spirituosen
QUARKSPEISEN	**SUPPEN**	- Hammel	**PILZE**
KÄSEGERICHTE	- allgemein	- Pasteten	**KRÄUTERESSIG-**
SALAT	- Aalsuppe	- Ragout	**HERSTELLUNG**
- allgemein	**SOßEN**	**FISCH**	**EINLEGEN**
- grüner Salat	**FLEISCH**	**GETRÄNKE**	- Gurken
GEMÜSE	- allgemein	- Gemüsesäfte /	
- allgemein	- Schwein	Fruchtgetränke	

WERMUT

SALAT	**FLEISCH**	**GEFLÜGEL**	**GETRÄNKE**
SUPPEN	- Wild	- Ente	- allgemein
- allgemein	- Hammel	- Gans	- Wein
- Eintopf			**FÜLLUNGEN**

YSOP

KRÄUTERBUTTER
JOGHURT /
  QUARKSPEISEN
MAJONÄSE
SALAT
- allgemein
- Tomatensalat
- Bohnensalat
KARTOFFELN
- allgemein
- Kartoffelsalat
GEMÜSE
- allgemein

- Bohnen
- Erbsen
- Möhren
- Kohlgerichte
SUPPEN
- Eintopf
- Kartoffelsuppe
- Gemüsesuppe
- Bohnensuppe
SOßEN
- Bratensoße
  (dunkle)

FLEISCH
- allgemein
- Wurstherstellung
- Kalb
- Rind
- Hammel
- Wild
- Leber /
  Leberknödel
- Pasteten
- Ragout

GETRÄNKE
- Bowle
- Wein
- Spirituosen
PILZE
FÜLLUNGEN
MARINADEN /
  VINAIGRETTES
ROHKOST
VEGETARISCHE
  KÜCHE
DIÄT

ZITRONENMELISSE

KRÄUTERBUTTER
auf **BUTTERBROT**
JOGHURT /
  QUARKSPEISEN
KÄSEGERICHTE
MAJONÄSE
SALAT
- allgemein
- grüner Salat
GEMÜSE
- Tomaten
- Gurken

- Zucchini
- Möhren
- Sauerkraut
SUPPEN
- allgemein
- Kräutersuppe
SOßEN
- allgemein
- Tomatensoße
- Bratensoße
  (dunkle)
- süße Soße

- Minzsoße /
  englische Soße
- Fischsoße
- Kräutersoße
FLEISCH
- Schweinefleisch
- Wild
GEFLÜGEL
FISCH
- gebraten
- gekocht
EIERSPEISEN

GETRÄNKE
- Gemüsesäfte /
  Fruchtgetränke
- Tee
PILZE
FÜLLUNGEN
KRÄUTERESSIG-
  HERSTELLUNG
ROHKOST
EISBECHER /
  EISCREME
OBSTSALATE

ZWIEBEL

auf **BUTTERBROT**
JOGHURT /
  QUARKSPEISEN
SALAT
KARTOFFELN

GEMÜSE
SUPPEN
SOßEN
FLEISCH
FISCH

INT. KÜCHE
- chin. / malay.
  Küche
PILZE

EINLEGEN
- Sauergemüse
AUFLÄUFE

KAPITEL 4

Küchenkräuter unter historischem Aspekt

Es ist historisch nicht belegt, wann der Mensch begann, sich seine Nahrung zu kochen.
Und es ist auch nicht bekannt, seit wann man Pflanzen zum Würzen der Speisen benutzte.
Etliche Kräuter wurden auch für magische, rituelle und religiöse Zwecke benötigt, ja kamen
teilweise dadurch erst in Gebrauch.

Logisch ist, dass Kräuter zuerst dort verwendet wurden, wo sie wild in der Natur wuchsen.
Aber viele Kräuter wurden durch Wanderungsbewegungen und Kriege verbreitet.
Viele, heute in der deutschen Küche beliebte Kräuter, die inzwischen auch in Deutschland als
Küchenkräuter angebaut werden, stammen aus dem Mittelmeerraum und sind uns, wie der
Weinbau, von den Römern gebracht worden.

Anders die Gewürze. Sie kamen vor über fünftausend Jahren durch Karawanen aus
asiatischen Ländern und dem Orient, viel später durch Seefahrer, vorwiegend von den Molukken
(Gewürzinseln), nach Europa und wurden vielfach mit Gold und Edelsteinen aufgewogen.

Küchenkräuter waren dagegen stets billig, unter anderem deshalb, weil man sie leicht selbst
ziehen kann. Mit ihnen lassen sich die meisten einförmigen Gerichte individuell anrichten.
Nicht nur der gelernte Koch, sondern jeder, der das Kochen als Hobby betreibt, kann mit
ihrer Hilfe recht schmackhafte Gerichte „hervorzaubern" – ihnen das I-Tüpfelchen verleihen.

Im Altertum und auch im Mittelalter wurden Gewürze und Küchenkräuter anders als heute
(wo man durch sie versucht, den Eigengeschmack des Gerichtes hervorzuheben) sehr
dominant verwendet.

Nördlich der Alpen spielten Kräuter zunächst, wie fast überall, als Arznei eine große Rolle.
Im Mittelalter wurden Kräuter vorwiegend in Klostergärten angebaut.
Mönche, Nonnen und Kräuterfrauen besaßen schon eine große Sachkunde.
Leider schadete manchem das –
etliche Kräuterkundige wurden
von der Inquisition auf dem
Scheiterhaufen verbrannt!

ZEITTAFEL

in der Altsteinzeit	vor etwa 50000 Jahren, so nimmt die moderne Archäologie an, fanden die Menschen heraus, dass Speisen bekömmlicher wurden bzw. ihr Geschmack verbessert wurde, wenn sie bestimmte Blätter und Früchte hinzunahmen
ca. 7000 v. Chr.	man kannte um diese Zeit in Mexiko bereits verschiedene Sorten Chili - das belegen die ältesten, bei Ausgrabungen gemachten, Gewürzfunde
ca. 6000 v.Chr.	auf Tontafeln der Sumerer sind *Lorbeer, *Thymian und *Kümmel beschrieben
ca. 5000 v.Chr.	ist belegt, dass es bei den Chaldäern Kräuterkundige gab
ca. 4000 v.Chr.	in einer Schriftensammlung antiken medizinischen Wissens eines unbekannten Verfassers kommt dieser zu der Erkenntnis, dass die Medizin in erster Linie aus der Küche hervorgegangen ist
vor 3000 v.Chr.	unterhielten die alten Assyrer, Chaldäer, Chinesen und Ägypter bereits Schulen für Kräuterkundige
um 3000 v.Chr.	babylonische Tontafeln stellen medizinische Behandlungen mit Kräutern dar
etwa ab 3000 v.Chr.	im alten Ägypten gab es die ersten Kräutergärten, die meist in Tempelnähe lagen, da in ihnen religiöse Feiern stattfanden; in der Mitte eines ummauerten Gartens befand sich stets ein Teich mit Lotusblumen
um 3000 v.Chr.	beginnend wurden in Ägypten, Assyrien und China Verzeichnisse von Kräutern (vorwiegend von Heilkräutern) angelegt
3000 – 2500 v.Chr.	von den alten Ägyptern werden Gewürze zum Einbalsamieren benutzt; ihre Sklaven aßen u.a. beim Bau der Pyramiden *Knoblauch und *Zwiebeln; in den Pyramiden fanden sich ferner Reste von *Anis, *Dill, *Fenchel und *Kümmel
2698 v.Chr.	Tod des chinesischen Kaisers Shen Nong, dem „Vater des Ackerbaus"; ihm wird der chinesische Kräuterkanon (mit 252 Pflanzenbeschreibungen), die erste schriftliche Kräuterkunde zugerechnet
2697 - 2595 v. Chr.	lebte der chinesische Kaiser Huang Di, der als Begründer der chinesischen Medizin gilt und den medizinischen Kanon Nei Ching verfasst haben soll
2800 v. Chr.	belegt ein ägyptisches Papyrus die Kenntnis von *Majoran, *Minze und Wacholder
um 2500 v.Chr.	auf assyrischen Tontafeln sind ca. 250 Kräuter beschrieben

ZEITTAFEL

2200 v.Chr.	Tontafeln der Sumerer in Mesopotamien belegen die Kenntnis von *Kümmel, *Lorbeer und *Thymian
um 2000 v.Chr.	Wandmalereien auf Kreta zeigen *Koriander, *Minze und *Sellerie; ägyptische Wandmalereien und Grabinschriften zeigen Kräuter
um 1600 v.Chr.	wird der berühmte ägyptische Ebers-Papyrus verfasst; sein Autor, ein Priester beschreibt darin über 800 Kräuterarzneien; dieses Dokument ging jedoch lange Zeit verloren und wurde erst 1873 in Theben wieder entdeckt
1550 v.Chr.	ägyptische Schriften mit Angaben über die medizinische, kosmetische und aromatische Nutzung von Kräutern, sowie mit Vorgaben für deren Verwendung bei religiösen Zeremonien
ca. 1550 v.Chr.	in Indien wird von Kräutern und deren magischem Gebrauch berichtet
ca. 1500 v.Chr.	eine Papyrusrolle aus einem ägyptischen Grab enthält 800 Rezepte mit Kräutern und Gewürzen
um 1200 v. Chr.	ist der Anbau von *Koriander, *Minze und *Zwiebeln in altägyptischen Gärten an den Ufern des Nils nachweisbar
von 669 – 626	lebte der babylonische König Assurbarnipal, der die größte „Bibliothek" der damaligen Zeit auf Tontäfelchen niederschreiben ließ; sie enthielt schon *Dill, *Fenchel, *Kümmel und *Thymian
450 v. Chr.	schrieb der griechische Historiker Herodotus einen vergnüglichen Bericht über die Ernte von Zimt und Kassia in Arabien
460 – 370 v. Chr.	zu Lebzeiten von Hippokrates erlebte die Kräuterheilkunde im antiken Griechenland ihren Höhepunkt; in seinem Lehrbuch „Corpus Hippocraticum" beschreibt er mehr als 230 Heilpflanzen; Hippokrates, der auch als „Vater der Schulmedizin" gesehen wird, gründete auf der Insel Kos seine berühmte Ärzteschule und entwickelte die Lehre von den vier Körpersäften; er strebte eine gesunde Ernährung an und benutzte Kräuter, um die Selbstheilungskräfte zu stärken; die meisten seiner 400 Arzneien wurden aus Pflanzen hergestellt
im 4. Jh. v.Chr.	lebte Diokles von Karystos, ein berühmter griechischer Arzt mit dem Beinamen „Zweiter Hippokrates"; er schrieb das älteste Kräuterbuch
332 v.Chr.	von den Ptolemäern wird in Alexandria das Museion als Forschungs- und Lehrstätte gegründet; in diese antike Datenbank wurden vielfältige Informationen über Kräuter und ihre Verwendung im Reich von Alexander dem Großen auf-

	genommen (391 u. Z. wurde jedoch die gesamte Sammlung von christlichen Fundamentalisten verbrannt)
384 – 322 v.Chr.	lebte Aristoteles; er verfasste u.a. auch ein Buch über Botanik
372 – 287 v.Chr.	der griechische Philosoph Theophrastus von Eresos, auch „Vater der Botanik" genannt, schrieb auf Lesbos Abhandlungen über Heilkräuter; er klassifizierte Pflanzen in Bäume, Sträucher und Kräuter und beschrieb die Wirkung verschiedener Kräuteressenzen in: „Historia Plantarum" und „De Causis Plantarum"; letzteres ist das älteste noch erhaltene Buch über Pflanzen, das über Arten aus dem Mittelmeerraum, Ägypten, Arabien und Indien geschrieben wurde um die Zeitenwende ist die Anlage von Duftkräutergärten in den Innenhöfen persischer Häuser belegt; in ihnen fanden sich neben den duftspendenden Kräutern stets auch Wasser und Schatten; von ihrer Bezeichnung „pairidaeza" ist unser Wort „Paradies" abgeleitet
1. Jh. n. Chr.	der als Feinschmecker bekannte römische Epikureer Marcus Apicius erwähnt erstmals den Gebrauch von Würzkräutern in der Küche und gibt ein 10-bändiges Werk heraus, das als erstes Kochbuch der Welt bekannt geworden ist und eine Grundordnung für die Küche herstellte; die Römer brachten die von ihnen benutzten Küchenkräuter in das von ihnen besetzte Germanien; sie kannten bereits *Anis, *Bohnenkraut, *Dill, *Fenchel, *Knoblauch, *Koriander, *Kümmel, *Majoran, *Minze, *Petersilie, *Salbei, *Sellerie und *Thymian
im 1. Jh.	sang Columnella Loblieder auf selbst im Garten angebaute Früchte; er beschrieb zahlreiche Kräuter mit ihren Wirkungen und gab Anweisungen zum Anbau von Küchenkräutern, besonders nannte er *Knoblauch, *Minze und *Petersilie
im 1. Jh.	gab der bedeutendste Kräuterkenner des Altertums, der griechische Arzt Dioscorides sein berühmtes Kräuterbuch (im Original in griechisch) heraus, später erschien es unter dem lateinischen Namen „De Materia Medica"; das älteste erhalten gebliebene illustrierte Standardwerk enthält eine Beschreibung von ca. 600 Kräutern und gibt Hinweise zur Aussaat und Ernte sowie zur Pflege und Lagerung von Kräutern; auf dieses Werk und auf die Schriften von Hippokrates, Aristoteles und Theophrast von Eresos, in denen alles damalige Wissen über Heil- und Würzkräuter enthalten war, geht die gesamte europäische Kräuterkunde zurück
von 23 bis 79	lebte Plinius der Ältere, der in seinem Werk „Naturalis historia" (bestehend aus 37 Bänden) die Erscheinungen der Natur erklärte, er beschrieb auch zahlreiche Kräuter und ihre Wirkungen; seine Naturgeschichte wirkte stark auf das Altertum und das Mittelalter

ZEITTAFEL

von 129 – 199	lebte der griechische Arzt Galen (auch Galenos genannt), der als Vater der Pharmakologie gilt und einer der hervorragendsten Kräuter-Forscher des Altertums war; über eintausend Jahre waren seine Kräuterzusammensetzungen richtungweisend, er erwarb sich bleibende Verdienste um die Hygiene und die Diätküche; sein Standardwerk „De Simplicibus" enthielt die Theorie der Temperamente
305	der heilige Antonius gründete in El Faiyum (Nordägypten) das erste christliche Kloster; dieses enthielt einen kleinen Garten zur Versorgung der Mönche; der Gartenbau wurde generell zu einer mönchischen Tugend
408	der Gotenkönig Alarich verlangte von Rom mehrere tausend Pfund Pfeffer als Siegespreis
529	gründete der heilige Benedikt (480 – 547) sein Kloster auf dem Monte Cassino, in dem Mönche alle erreichbaren Schriften kopierten; somit bewahrten die Benediktiner das Erbe der Antike und lehrten im mittelalterlichen Europa vor allem in ihren gallischen und germanischen Klöstern; der heilige Benedikt verpflichtete die Mönche in seiner zweiten Ordensregel zur Gartenarbeit; in seiner „Regula monachorum" legte er u.a. den Anbau von Kräutern fest; generell schätzte man in den mittelalterlichen Klöstern Küchenkräuter sehr, da sie die fleischlosen Fastenspeisen schmackhafter machten; im Herbularius, wie der Garten damals hieß, wurden u.a. *Bohnenkraut, *Fenchel, *Liebstöckel, *Minze, *Rainfarn, *Rosmarien, *Salbei und *Weinraute angebaut
802	Kaiser Karl der Große (768 – 814) bediente sich des Kräuterwissens der Benediktiner; er schrieb zuerst seinen Pächtern und dann dem ganzen Landvolk in seiner Verordnung „Capitulare Caroli Magni de villis vel Curtis imperialibus" vor, welche Kräuter in den Gartenbau einzubeziehen waren; es waren insgesamt 73 (von den in diesem Buch genannten Küchenkräutern waren es *Anis, *Bärlauch, *Bohnenkraut, *Dill, *Estragon, *Fenchel, *Kerbel, *Knoblauch, *Koriander, *Kresse, *Kümmel, *Liebstöckel, *Majoran, *Minze, *Petersilie, *Rosmarin, *Salbei, *Schnittlauch, *Sellerie, *Thymian und *Zwiebeln) sowie 16 Obstbäume; sogar die Anlage des Gartens war vorgegeben: im Schnittpunkt eines, von zwei Wegen gekreuzten Rechtecks, liegt ein kreisrundes Beet (anstelle des runden Beetes konnte es auch ein Brunnen oder ein Quell sein)
830	für ein Kloster in St. Gallen ist die Existenz von 16 Kräuterbeeten nachgewiesen; besonders überliefert ist der Anbau von *Dill, *Knoblauch, *Kerbel, *Koriander, *Petersilie, *Schnittlauch und *Kümmel;

	erstmals wurde in St. Gallen in einem Bebauungsplan die Trennung des Küchenkräutergartens vom Heilkräutergarten vorgenommen
840	der Abt der Benediktinerabtei Reichenau Walahfrid Strabo (808 – 849) verfasst das älteste deutschsprachige Kräuterbuch „Hortulus", in diesem in Gedichtform abgefassten Werk werden 24 Gewürz- und Heilpflanzen erwähnt; es werden *Minze, *Salbei und *Wermut genannt
die 1096	beginnenden Kreuzzüge brachten bisher unbekannte Kräuter in die sich meist innerhalb des Burgfrieds befindenden mittelalterlichen Kräutergärten, aber auch in die Bauerngärten des einfachen Volkes; im Mittelalter wurde kräftig gewürzt: importierter Ingwer, Nelken und Safran kamen an die Speisen der Wohlhabenden – Küchenkräuter an die Gerichte von Bauern und Bediensteten; weil ein Konservieren der Lebensmittel damals nicht möglich war, mussten Gewürze und Küchenkräuter zum Überlagern des unangenehmen Geruches und Geschmacks herhalten
von 1098 – 1179	lebte Hildegard von Bingen, Äbtissin des Klosters Rupertsberg, die in ihren Schriften die Heilwirkungen, aber auch die Würzkraft verschiedener Kräuter beschrieb
im 13. Jh.	wurde durch Friedrich II., den Hohenstaufen-Kaiser, die Medizin von der Pharmazie getrennt, die Apotheker hatten jetzt nach der Anordnung von Ärzten Arzneien herzustellen; aus diesem Grunde entstanden die sogenannten Apothekergärten, die man bisweilen heute noch antreffen kann
1260	fixierte der Dominikanermönch Albertus Magnus (1200 – 1280) die Ansprüche an einen perfekten Lust- oder Ziergarten wie er im Hochmittelalter an den Fürstenhöfen in Mode kam; u.a. gehörte neben einem Springbrunnen auch eine Wiese mit süßduftenden Kräutern dazu
1277	der Vatikan legt zu Studienzwecken einen Arzneigarten an
im 14. Jh.	erlebt die Kräutermedizin einen bedeutenden Aufschwung (Beleg durch Schriften von K. von Megenberg und des englischen Mönches J. of Gaddesden)
im 15. Jh.	wird die Kräuterkunde durch die Erfindung des Buchdrucks populär; so gibt der ehemalige Geselle Gutenbergs, Peter Schöffer, im Jahre 1485 in Mainz das klassische Kräuterbuch des Mittelalters „Gart" heraus; der Buchdruck förderte lange vergessenes und verbotenes Kräuterwissen wieder zutage, obwohl gerade auch in dieser Aufbruchszeit ein Höhepunkt der Hexenverfolgung lag, die Kräuterheilkunde als Aberglaube abgetan wurde und Naturheiler als Ketzer ebenfalls verfolgt wurden;

Baldrian, Gundermann, *Liebstöckel und Waldsauerklee hatten als „Hexen-kräuter" eine besondere Bedeutung zur Erkennung von Hexen und Ketzern; zum Ausräuchern von Häusern und Ställen wurden u.a. *Dill, *Fenchel, *Kümmel und *Salbei benutzt; in dieser Zeit des beginnenden Hochmittel-alters begann man aber auch den Geschmack der Speisen durch Kräuter und Gewürze zu verfeinern und hervorzuheben

1492

entdeckte Kolumbus auf seiner Suche nach dem kürzesten Weg nach Indien (zur indischen Gewürzküste) nicht nur die Neue Welt, sondern auch die Chilischoten – kein Lebensmittel prägte den Verlauf der Geschichte so sehr wie die Gewürze

von 1493 – 1541

lebte Philippus Theophrastus Bombastus von Hohenheim, genannt Paracelsus; er suchte vor allem nach der Seele der Gewächse und entwickelte die Morphologie (Lehre vom Zusammenhang zwischen der äußeren Erscheinung eines Krautes und seiner Wirkung); er schätzte vor allem den *Salbei

16. Jh.

in der Übergangszeit zwischen Mittelalter und Renaissance entstanden berühmte Kräuterbücher von Otto Brunfels (1530)

Leonhard Fuchs (1543)

Hieronymus Bock (1539)

Petrus Andreas Matthiolus (1544) und

Jacobus Theodorus Tabernaemontanus (1588);

diese Autoren bezeichnet man als die „Kräuterväter";

in diesem Jahrhundert hielten die Kräuter verstärkt Einzug in die Gärten von Bürgern und Bauern; T. Tusser gab eine Anleitung für Bauerngärten heraus, in welcher er den Anbau von 70 Salat- und Küchenkräutern empfahl

vom 16. Jh. an

legten viele Universitäten Kräutergärten an; Padua besaß seit 1545 den ersten und am Ende des 17. Jh. gab es keine europäische Universität ohne Kräutergarten; die konkrete Anlage wurde durch die jeweiligen Lehrabsichten geprägt

1535

T. Fromon verfasste „Herbys Neccessary for a Gardyn" in dem 30 Arten beschrieben werden, die man sowohl wegen der Schönheit als auch wegen des Geschmacks anbauen sollte

1569

wurde das erste Kräuterbuch in Amerika „Frohe Kunde aus der Neuen Welt" herausgegeben

1597

erschien das berühmte Kräuterbuch von J. Gerard (1545 – 1612) „Herball" oder auch „Historie of Plantes"; der in London einen bekannten Heilkräutergarten unterhielt

bis zum 17. Jh.	wurden in Kräuterbüchern die Aspekte der Botanik und der Medizin gemeinsam abgehandelt; mit Beginn der wissenschaftlichen Betrachtung trennte man sie dann
1649	gab der Arzt und Apotheker N. Culpeter (1616 – 1654) das berühmte Kräuterbuch „The English Physican" (auch als „The Complete Herbal" bezeichnet) heraus; er hing jedoch noch der Vorstellung an, dass die Gestirne Einfluss auf Kräuter hätten und dass kranke Körperteile mit dem Kraut zu behandeln wären, das ihrer äußeren Form am meisten glich
1664	J. Evelyn gab sein Werk Acetaria: „A Discourse of Sallets" (Ein Diskurs über Salate) heraus, in dem 73 Salatkräuter beschrieben und Hinweise zu ihrer Verwendung gegeben werden; dieser berühmteste Garten- und Küchenspezialist des 17. Jh. stellte ferner einen besonderen Kalender zusammen, der alle für einen damals als respektabel angesehenen Salat benötigten Pflanzen enthielt; in seinem Würzkräutergarten in Sayes Court in Deptford, London, konstruierte er schon damals ein einfaches Gewächshaus
etwa ab 1800	machten die Engländer Gewürze zu einer Massenware
vom 17. Jh. an	stieg der Bedarf an Kräutern durch die von S.Hahnemann, S.Kneipp und J.Künzle beförderte Entwicklung der Naturheilkunde und der Homöopathie bis ins 19. Jahrhundert stark an
im 18. und eingangs des 19. Jh.	waren Küchenkräuter sehr hoch geschätzt; ein Küchengarten mit vielen Kräutern war ein absolutes Muss und die großbürgerliche Hausfrau erhielt desto größere Anerkennung, je raffinierter sie ihre Gerichte würzte
zu Beginn des 19. Jh.	konnte man Küchenkräuter noch in reicher Auswahl kaufen, bald danach sank ihre Zahl ständig und sie gerieten mit Ausnahme von *Dill, *Petersilie, *Schnittlauch und *Thymian in Vergessenheit; die aromatischen Kräuter verschwanden mit dem Ende des 19. und dem Beginn des 20. Jahrhunderts fast völlig aus der deutschen Küche
im 19. Jh.	gab es bereits wirksamere Mittel zur Konservierung und Lagerung von Lebensmitteln als Kräuter und Gewürze, um bei verfaultem Fisch und Fleisch den Geruch und Geschmack zu überdecken
ab 1880	begannen sich die Kräuter unter dem Einfluß von W. Robinson und G. Jekyll ihren Platz als attraktive Gartenpflanzen zurückzuerobern
1914 – 1918	besann man sich wieder auf Heil- und Würzkräuter

1931	verfaßte M.Grieve mit „A Modern Herbal" ein umfassendes Kräuterbuch, in welchem sie überliefertes Wissen und moderne wissenschaftliche Erkenntnisse zusammenfaßte und über 1.000 Kräuter mit ihren kulinarischen und medizinischen Wirkungen beschreibt; im Gefolge entwickelte sich eine regelrechte Bewegung zur Anlage von Kräutergärten
seit 1945	führten Küchen-Kräuter zunächst ein Schattendasein; sicher wurden *Dill, *Petersilie und *Schnittlauch irgendwo an den Beetrand gepflanzt, wichtiger war jedoch der Anbau von Gemüse
in den 50er Jahren	erlebten Gewürze und Küchenkräuter eine Renaissance; dazu trugen auch ihre Haltbarmachung und der Verkauf in Gläsern und Dosen bei; außerdem wurden bei chemischen Untersuchungen in ihnen wirkungsvolle Inhaltsstoffe wie Mineralien, Bitterstoffe, Vitamine und andere wertvolle Substanzen festgestellt
in den 60er und 70er Jahren des 19. Jh.	erwacht das Interesse an Küchenkräutern besonders durch den Urlaub im Ausland, was besonders dazu führte, dass sie in Haus- und Schrebergärten Fuß fassten
bis heute	ist das Kochen ein wohl respektiertes Hobby und eine recht erholsame Freizeitbeschäftigung für viele; STOBART spricht schon 1970 von einer „Renaissance des Würzens" und in diesem Zusammenhang von einer neuen „Hinwendung zur Originalität und Abwechslung" (s. Literaturverzeichnis S. 187; 46); heute bekommt man in Supermärkten, Gartencentern und Gärtnereien die gebräuchlichsten und für die meisten Köche unverzichtbaren Küchenkräuter – viel schöner ist es jedoch, in den eigenen Kräutergarten zu gehen und das Benötigte **f r i s c h** zu ernten

LITERATURVERZEICHNIS

1   BAYER, C.:   „Omas beste Tips Garten", Weltbild Verlag, Augsburg 1997, 128 Seiten

2   BECKER-DILLINGEN, J.:   „Handbuch des gesamten Gemüsebaues", Paul Parey, Berlin und Hamburg 1950, 856 Seiten

3   BIELEFELD, J.G.:   „Der Gewürz-Kompass", Gräfe und Unzer, München 2001, 128 Seiten

4   BOWN, D.:   „Dumont`s Große Kräuterenzyklopädie", Dumont Buchverlag, Köln 1996, 424 Seiten

5   BOXER, A. u. P. BACK: „Das Mosaik – Kräuterbuch", Mosaik Verlag, München 1982, 220 Seiten

6   BREMNESS, L.:   „Das große Buch der Kräuter", AT Verlag Aarau und Stuttgart 1997, 288 Seiten

7   BRIEMLE, G.:   „Farbatlas Kräuter und Gräser", Verlag Eugen Ulmer, Stuttgart 1996, 288 Seiten

8   BRUNS, B. und W.:   „Das kleine Küchenkräuterbuch"., Verlag W. Hölker, Münster 2000, 137 Seiten

9   BUCHHOLZ, F.:   „Kräutergarten" / „Kräuterküche", Gräfe und Unzer Verlag, München 2003, 47 + 49 Seiten

10 CALLAUCH, R.:   „Gewürz- und Heilkräuter", Verlag Eugen Ulmer, Stuttgart 1998, 128 Seiten

11 CLEVELY, A. und   "Dumont`s großes Kräuterbuch – Garten, Küche, Dekors", Dumont Buchverlag, Köln 1995, 256 Seiten
    K. RICHMOND:

12 CURTH, W. und   „Handbuch für den Garten", Verlag für die Frau, Leipzig 1984, 336 Seiten
    U. TABBERT:

13 DÖRING, L.:   „Gewürzküche und Kräutergarten", Otto Maier Verlag Ravensburg 1968, 100 Seiten

14 ERCKENBRECHT, I.:   „Die Kräuterspirale", pala-verlag, Darmstadt 2003, 144 Seiten

15 FARRINGTON, K.:   „Kräuter und Gewürze – einfach delikat", Gondrom Verlag, Bindlach 1999, 96 Seiten

16 HALFAR, P.:   „Einheimische und exotische Kräuter & Gewürze", Unipart-Verlag, Ramseck bei Stuttgart 1997,
                              160 Seiten

17 HART, H.:   „Die große Kräuterfibel – Heilpflanzen und ihre Anwendung", Verlagsunion Pabel Moewig KG,
                              Rastatt 1997, 406 Seiten

18 HENNEKING, E.:   „Dr. Oetkers Schul-Kochbuch", Verlag von Dr. August Oetker, Bielefeld 1927, 144 Seiten

19 HLAVA, B. und   „88 Tips für Kräutergärtner",Karl Müller Verlag, Erlangen 1997, 192 Seiten
    P. VALICEK:

20 HOLT, G.:   „Kräuter in Garten und Küche, Kräuter für Gesundheit und Schönheit, Kräuter als Duft und
                              Dekoration", Christian Verlag, München 1992, 224 Seiten

21 IBURG, A.:   „Dumonts Kleines Gewürzlexikon", DuMont monte Verlag, Köln 2003, 297 Seiten

22 INTERNET: www.spiceup.de/hitorie/kraeuter.html 2003, 2 Seiten

23 INTERNET: www.spiceup.de/historie/gewuerze.html 2003, 3 Seiten

24 INTERNET: www.spiceup.de/spices/herbes.html 2003, 1 Seite

25 INTERNET: www.spiceup.de/spices/fines.html 2003, 1 Seite

26 INTERNET: www.wuerzkraut.de/info/info1.html 2003, 3 Seiten

27 JANTRA, H.:   „Schöne Kräutergärten", Falken-Verlag, Niedernhausen 1992, 112 Seiten

28 KORISTKA, W.,   „Kräutergärten", Franckh-Kosmos Verlags GmbH & Co., Stuttgart 1990, 48 Seiten
    C. BOTT und
    L. BOTT-BÄCHLE:

29 KREUTER, M-L.:   „Kräuter und Gewürze aus dem eigenen Garten", BLV Verlagsgesellschaft, München – Berlin-Zürich
                              1989, 224 Seiten

30 KREUZER, J.:   „Kreuzer´s Gartenpflanzen Lexikon, Band 3 – Obst, Gemüse, Kräuter", Verlag Thalacker, Braunscheig
                              1989, 255 Seiten

LITERATURVERZEICHNIS

31	LECHTHALER, E.:	„Kräuterdrinks mit und ohne Alkohol", Hädecke Verlag, Weil der Stadt 1995, 72 Seiten
32	LOHMANN, M.:	„Der kleine Küchengarten", BLV Verlagsgesellschaft, München-Wien-Zürich 1990, 112 Seiten
33	MANKE, E.:	„Schätze in Wald und Flur", Verlag für die Frau, Leipzig 1989, 128 Seiten
34	MANN, D.:	„Kräutergarten", Franckh-Kosmos-Verlags GmbH, Stuttgart 203, 156 Seiten
35	MCVICAR, J.:	„Der Große Kräuterführer", Karl Müller Verlag, Erlangen 1997, 256 Seiten
36	MÜLLER, N.:	„Gesunde Kräuterküche - mit heilenden Kräutern raffiniert würzen", Rhein-Zeitung und ihre Herausgaben Bergisch-Gladbach 2003, 128 Seiten
37	NORMAN, J.:	„Kräuter & Gewürze", Dorling Kindersley Verlag, Starnberg 2003, 336 Seiten
38	PILSL, M.:	„Rosmarin und Thymian und für das Herz Lavendel – Rat aus Großmutters Kräutergarten, Verlagsunion Pabel Moewig KG, Rastatt 1979, 128 Seiten
39	PÖTSCHKE, E.:	„Pflanzen sprechen Dich an", Verlag Girardet, Essen 1960, 192 Seiten
40	RECHT, C.:	„Küchenkräuter", Gräfe und Unzer Verlag, München 1988, 62 Seiten
41	REIMS, G.:	„Würzmittel", Hörnemann Verlag, Bielefeld 1990, 120 Seiten
42	RIAS-BUCHER, B.:	„Kochen mit Kräutern", Mosaik Verlag, München 1985, 160 Seiten
43	SAMWALD, A.:	„Dörren – Früchte, Gemüse, Kräuter", Ulmer, Stuttgart 1997, 128 Seiten
44	SCHEIBLER, S. W.:	„Allgemeines Deutsches Kochbuch für alle Stände", E.F. Amelangs Verlag, Leipzig 1884, 528 Seiten
45	SEITZ, P.:	„Großvaters Kräuterwissen", Franckh-Kosmos Verlags-GmbH, Stuttgart 1997, 184 Seiten
46	STOBART, T.:	„Lexikon der Gewürze Kräuter und Würzmittel", Büchergilde Gutenberg, Frankfurt/M.Olten und Wien 1970, 264 Seiten
47	SULZBERGER, R.:	„Gartenkräuter", BLV-Verlagsgesellschaft, Müchen 1994
48	TEUBNER, C., S. SCHÖNFELDT, U. GERHARDT und D. RÜHLEMANN:	„Kräuter und Knoblauch", Teubner Edition, Füssen 1993, 144 Seiten
49	TREBEN, M.:	„Heilkräuter aus dem Garten Gottes", Heyne Verlag, München 1987, 208 Seiten
50		„Brockhaus Enzyklopädie" Achter Band, Verlag F.A. Brockhaus, Mannheim 1990, 688 Seiten
51		„Brockhaus Enzyklopädie" Zwölfter Band, Verlag F.A. Brockhaus, Mannheim 1990, 720 Seiten
52		„Gesünder leben mit Kräutern", Sonderheft von „Mein schöner Garten", Burda Senator Verlag Offenburg 1999, 82 Seiten
53		„Kochen", Verlag für die Frau, Leipzig 1982, 479 Seiten
54		„Kräuter & Gewürze", Unipart-Verlag, Stuttgart 1995, 292 Seiten
55		„Kräuter und Gewürze", Unipart-Verlag, Ramseck bei Stuttgart 1997, 160 Seiten
56		Loseblattsammlung „Der Kräuterkasten", ohne Verlag, ohne Ort, ohne Datum, 4 Seiten
57		„Mein großes Gartenbuch", EHBA, Berlin 1996, 592 Seiten
58		„The Famous Kräuter Spielkarten", Trioview Ltd./Heritage Toy & Game Co. Ltd . United Kingdom. Printed in Belgium 1999, 54 Blatt
59		„Wir kochen gut", Verlag für die Frau, Leipzig-Berlin 1965, 320 Seiten

Erläuterung verwendeter Fachbegriffe

BOUQUET GARNI

„Dies ist der französische Name für ein Bund Würzkräuter, er wird international benutzt. Die Kräuter werden zusammengebunden, so dass sie entweder am Ende des Kochprozesses oder wenn sie dem Gericht genügend Würze verliehen haben entfernt werden können...
Einfache Gerichte würzt man meist, indem man die Kräuter hinzufügt. Besser ist es jedoch, die Kennzeichen einer guten Küche wieder zu entfernen..." (46; S.44).
Zum klassischen Bouquet garni gehören drei Stängel *Petersilie, ein kleiner *Thymianstängel und ein kleines *Lorbeerblatt.
Varianten mit *Basilikum, *Bohnenkraut, *Majoran und *Zitronenthymian sowie etwas Zimt beleben die Speisen.

FINES HERBES

Eine andere Würzmischung der französischen Küche. Sie enthält immer *Petersilie, *Kerbel und *Schnittlauch. Je nach Hersteller ist sie durch *Bohnenkraut, *Estragon, *Oregano, *Rosmarin, *Salbei oder *Thymian ergänzt.
Für die „feine" französische Kräutermischung werden 4 Esslöffel zerkleinerte *Petersilie mit jeweils 2 Esslöffeln zerkleinertem *Estragon, *Kerbel und *Schnittlauch vermischt.

GEWÜRZ

„Heute versteht man unter Gewürz vor allem getrocknete aromatische Produkte aus den tropischen Gebieten Südostasiens, zum Teil auch aus der Neuen Welt oder aus Afrika." (46; S. 68)

HERBES DE PROVENCE

Die „Kräuter der Provence" bestehen in der Regel zu gleichen Teilen aus getrocknetem *Bohnenkraut, *Lavendelblüten, *Oregano (manchmal wird anstelle von *Oregano auch *Basilikum verwendet), *Rosmarin und *Thymian.
Häufig wird die Mischung zusätzlich durch zerkleinerte ebenfalls getrocknete *Lorbeerblätter, *Fenchel und ein wenig geriebene Orangenschale ergänzt.
Sie ist vorzüglich für deftige Gemüse- und Fleischgerichte geeignet.

LASST KÜCHENKRÄUTER SRECHEN

Ähnlich, wie man die Blumensprache kennt und sagt „Lasst Blumen sprechen", kann man auch schon sehr lange mit Küchenkräutern in Sachen Liebe etwas ausdrücken. (vgl. „Schatzkästlein des guten Rats" von 1892 nach DÖRING : 13; S. 56):

Kresse
Gib mich auf, denn ich kann nie die Deinige werden.

Lavendel
Ich verstehe dich nicht, erkläre dich näher.

Lorbeerblatt
Du hast mich besiegt.

Lorbeerblüte
Ich kann dich bewundern, aber nicht lieben.

Majoran
Kennst du Gott Amor gar nicht?

Petersilie
Du bist sehr bescheiden und darum mir sehr wert.

Rosmarin
Wenn auch alle Freuden scheiden und aller Blumen Glanz erloschen ist, ich vergesse dich nie.

Salbei
Spotten kannst du der Qual meines Herzens!

Sauerampfer
Über Kleinigkeiten muss man nicht ein böses Gesicht machen.

Schnittlauch
Gegen die Liebe hilft kein Widerstreben.

Thymian
Ich verstehe dich nicht.

Waldmeisterblüte
Wie der funkelnde Stern die finstere Nacht, so erheitert deine Liebe mein Leben.

Wermut
Bittere Erfahrung ist herbe, drum bin ich vorsichtig.

FÜR EIGENE NOTIZEN:

FÜR EIGENE NOTIZEN:

FÜR EIGENE NOTIZEN: